全民阅读体育知识读本

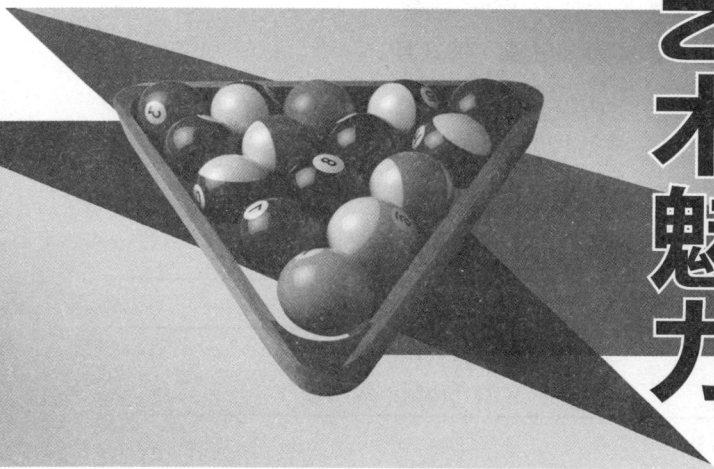

台球——永恒的艺术魅力

盛文林/著

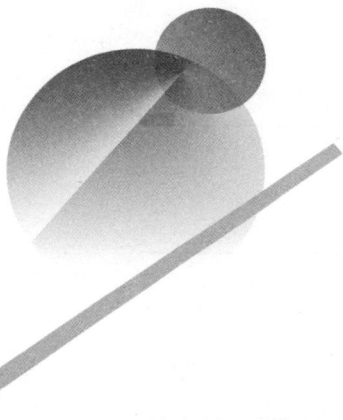

台海出版社

图书在版编目（CIP）数据

台球：永恒的艺术魅力／盛文林著． －－北京：
台海出版社，2014.7
（全民阅读体育知识读本）
ISBN 978－7－5168－0423－0

Ⅰ.①台… Ⅱ.①盛… Ⅲ.①台球－基本知识
Ⅳ.①G893

中国版本图书馆 CIP 数据核字（2014）第 174921 号

台球：永恒的艺术魅力

著　　者：盛文林	
责任编辑：王　品	装帧设计：视界创意
版式设计：林　兰	责任印制：蔡　旭

出版发行：台海出版社
地　　址：北京市朝阳区劲松南路 1 号　邮政编码：100021
电　　话：010－64041652（发行，邮购）
传　　真：010－84045799（总编室）
网　　址：www.taimeng.org.cn/thcbs/default.htm
E－mail：thcbs@126.com

经　　销：全国各地新华书店
印　　刷：北京一鑫印务有限公司
本书如有破损、缺页、装订错误，请与本社联系调换

开　本：655×960　　　1/16		
字　数：130 千字	印　张：12	
版　次：2014 年 10 月第 1 版	印　次：2021 年 6 月第 3 次印刷	
书　号：ISBN 978－7－5168－0423－0		

定　　价：29.60 元

前　言

有着数百年历史的台球运动与高尔夫球、网球并称为世界三大"绅士运动"。近年来，随着人们生活水平的提高，越来越多的人开始切身验证"生命在于运动"的道理了。一直是上层社会休闲娱乐活动的台球运动也逐渐走进大众的视野，迅速风靡大江南北。

乍看上去，台球运动既简单又轻松，既不要强壮的身体素质，也不需要极强的击球技巧，似乎谁都可以玩。人们在街头巷尾的台球厅里，常常可以看到一些人，其中既有年轻人，也有老人，在悠闲地打着台球。当然，其中不乏技术精道之人，但大部分人只不过是凑凑热闹罢了！

严格说来，他们打台球只是一种休闲娱乐的方式，而非真正的台球运动。为什么这么说呢？因为真正的台球运动不但需要极强的击球技巧，而且对球手参赛礼仪和观众的观赛礼仪都有极为严格的要求。

当然，将打台球作为一种休闲和娱乐的方式，无可厚非，而且应该积极提倡。因为这项运动可以陶冶人的性情，增强人的体质，培养心算能力（台球运动含有几何学与物理学的原理，变化多端，趣味无穷），从而达到健脑益智的效果。

不过，如果能够掌握一定的专业知识，在休闲娱乐的同时提高球技、锻炼身心，岂不是两全其美的事情？即便是无法达到专业运动员的技术水准，就是掌握一定的技巧，学会观看和欣赏专业比赛，也能增加许多乐趣。

为此，我们组织编写了这本《永恒的艺术魅力——台球》。本书从台球的起源讲起，注重基础知识的讲解和基本技术的分析，是广大台球爱好者和初学者提高球技和台球修养最好的教材之一。

由于水平有限，书中难免会出现一些谬误和不妥之处，还请广大读者批评指正！

目　录

PART 1 项目起源

台球运动起源于欧洲

台球是一项非常古老的运动，至今已有五六百年的历史了。那么，台球起源于什么地方呢？有的说是古希腊，有的说是法国，有的说是英国，也有的说是中国、意大利或西班牙，可谓众说纷纭。

但有一个比较普遍认可的说法是：台球是在 14 ~ 15 世纪由欧洲人发明的一项室内运动。

这里有几项可资参考的旁证：美国著名的《柯里尔氏百科全书》记载，台球是在 14 世纪起始于英国；美国《国际大百科全书》记载，台球是在 15 世纪由当时法国的一个名叫戴·维根的工匠发明的；英国著名剧作家莎士比亚在他 1606 年创作的名著《安东尼与克里奥佩特拉》中就曾提到过台球；曾获得过美国台球赛冠军的道生在他 1904 年出版的《台球理论》一书中说在 1436 年法王查理七世时就有台球了。

最早的台球礼节

在 14 世纪的英格兰，台球活动非常受人们的重视。据说，在一些富豪家庭里，不仅有豪华讲究的台球间，而且在进行打球活动时，还有严格的活动礼节，有的规定至今仍在沿用。

比如，在打球时，有客人来，必须轻轻开门入室，不得高声谈话和喧叫，以免影响打球人的沉静思考。又如在打球时，可以要求对方不要正面对着自己或靠近自己站立，不允许随便挥舞球杆等不文明的举动等。

总之，台球是一种高雅的活动，现在台球厅、室，也都有类似的不许高声喧哗和吸烟等明文规定。

18 世纪风靡法国

台球运动最早风行是在 18 世纪的法国。1775 年，法国国王路易十四的御医要求国王每日晚餐后都要打台球，以便在睡觉前做一些适当的锻炼，保持身体的健康。

法国国王路易十四在凡尔赛宫玩的台球是"单个球"，在桌上放一个用象牙做的拱门和一根象牙立柱叫"王"，用勺形棒来打球，把球打进门或碰到便可得分。

路易十四的球伴伟勒笛公爵和夏弥拉先生在贵族社会里积极倡导这项活动。由此，台球运动就在法国流行起来。这可能就是台球起源于法国这一说法的根据。

早期的台球是用黄铜和木材制造的，后来改用象牙。一颗象牙平均可制造 5 个球，当时仅这方面每年就需要上万头大象，而且制造出来的球还需挑选重量和大小相同的，因此象牙球的价格十分昂贵，这自然就使得台球仅成为贵族或有钱人的娱乐。

法国国王路易十四

美洲的台球运动

美洲台球运动最早是由西班牙人于 1540 年从北美东海岸的佛罗里达带入的。1607 年，移居到弗吉尼亚州的英国人也带来了此项运动。

当时这些移民只是将台球顺便携来，并没有加以发展。台球运动在这块新大陆上的迅速繁荣是 1800 年之后的事情了。

1860 年，美国举行了第一次职业性的台球比赛。1865 年，纽约又举行了国际性的"法式开伦"台球大赛。

19 世纪中期，美国人在台球的技术、比赛方法和规则等方面作出了很大的贡献，直到在世界台球运动中独创了美式台球一大流派，与法式台球、英式台球并驾齐驱，现已流行于全世界。

台球运动的健身作用

台球运动对身体健康的促进作用

台球运动属于有氧运动，能增强体质，改善心血管、消化、神经等各方面的功能。

可提高人的心血管系统的功能

由于台球是慢速长时间的运动，如果长期坚持台球运动可使心脏和整个循环系统的功能处于比较良好的状态。坚持台球锻炼对降低安静时单位时间的心跳次数有所帮助，因为心脏功能的增强，每收缩一次所输出的血液量增加，所以尽管心跳次数减少，而供血和供氧量却没有减少。由此，提高了人的心血管系统的功能。

可增强消化系统的功能

台球运动提高了腹肌的活动次数和频率，对于胃肠道起到了一定的按摩作用，促进了胃肠的蠕动，使人的食欲增加。据研究发现，在运动的过程中，人的胃肠道的血液循环和供应也得到了改善和加强，胃肠道的各种消化液分泌增加，促进了食物的消化和机体对营养物质的吸收，增加了人的消化吸收功能。

可改善人体的代谢功能

体育运动在一定程度上可改善人体的代谢功能，促进机体对葡萄糖的利用，有利于糖尿病的防治。台球运动是其中最有效的体育锻炼方法之一。经常进行台球锻炼对降低血脂，特别是降低甘油三脂、低密度脂蛋白和胆固醇有一定帮助，因而可以降低血液的黏滞度，减轻脑血管的压力，防治冠心病、高血压和动脉硬化等疾病。

同时，由于运动增加了肌肉中能量的消耗，并使肾上腺素分泌增加，使脂肪分解为自由脂肪酸并进入血液，大量的自由脂肪酸能被组织细胞摄取并氧化供能，使脂肪分解加强，合成减弱，以达到减少体脂、控制肥胖的目的。

促进神经系统的功能

人体是一个完整的有机体，一切器官的活动都是在中枢神经系统的指挥下进行的。运动时人体各器官系统的活动要比安静时复杂，神经系统为了对运动中错综复杂的变化做出及时、协调的反应，大脑必须高度集中地指挥，久而久之大脑神经系统的功能得到提高，反应速度加快，这样人的思维敏捷且工作持久，不易疲劳。

台球运动对神经系统有良好的保健和调节作用。运动加强了人体物质代谢的过程，使得大脑及时地得到充足的营养。人脑质量约占人体的1/40，而供给的血液却占心输出量的1/4，脑的耗氧量占全身的1/5。

由此可见，大脑需要充足的血液供给，以提供新鲜氧气及丰富的营养物质。而运动使心脏的输出量增加，血液循环加快，血氧含量增高，脑动脉中含氧量的上升，改善了脑细胞氧的供应，从而维持了大脑的正常功能。

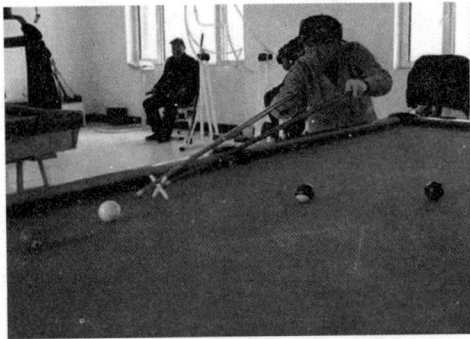

退休老人打台球锻炼身体

台球运动对心理健康的促进作用

台球运动不仅可以促进身体健康，还能促进人的心理健康，消除人的消极情绪（包括抑郁、消沉、悲伤、疲惫、沮丧、无聊等），培养人的积极情绪，满足人的心理需要，使人保持精神上的愉悦。台球运动对心理调整作用主要有以下几个方面：

能提高人的自信心

运动中你能体会到成功的喜悦和失败的沮丧，进步的欣慰和失误的悔恨，这对磨炼自己、增强心理承受能力有着积极的作用。一些技巧性很强的内容，如远距离击球、大范围的主球走位、斯诺克挑战 147 分、美式 8 球和 9 球的一杆清台等，有助于人们克服害怕风险、害怕失败的胆怯心理；可以培养人果断的性格；还有利于增强人的自我控制能力，稳定人的情绪。

同时，台球练习和比赛，为人与人之间相互沟通提供了积极健康的条件，能够增进相互了解、培养人的交往能力。

具有情绪宣泄功能

在身体活动时你可以释放内心压抑，忘却烦恼。大量的实验也表明，运动可以释放人的心理能量，促使人的心理平衡，同时也给你带来身心上的愉悦。人在社会生活中必然会遭遇到各种各样的精神压力，运动使人从所遭受的逆境压力中解脱出来，人在直接参与或观看台球运动的过程中，情感可以得到宣泄。

调节人的生活

在激烈竞争的现代生存环境中，面对单调而繁忙的工作和学习，参

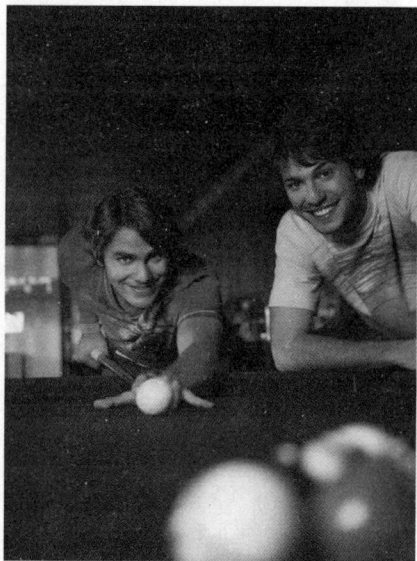

青年人打台球释放压力

与运动或观看竞技比赛，可以使你的生活得到有效的调节，消除精神疲劳，丰富生活且生活质量得到提高。

实现自我价值的需要

人的心理需要多种多样，其中，自我价值的实现是人的一种高层的需要。自我价值的实现，可能在事业上或生活中难以达到，在运动的过程中人们可以充分开拓自己的固有潜能，走向自己所能达到的高度。运动给参加者以强烈的情绪感受。从另一个角度实现了参与者的自我价值，使人获得精神上的愉悦。

总之，台球运动能愉悦人的精神，保持健康的体魄，对学习效率、生活、生命质量的提高有着十分重要的意义。

PART 2 历史发展

台球在发展中逐步完善

台球出现至今已有几百年的历史。应当指出的是，台球并不是一出现就尽美尽善，而是在长期流传中经过人们的不断改进丰富，才达到了现在比较完善的程度。从前在室内桌子上玩球时，在桌子中心开了一个圆洞，后来又在桌子四角开了 4 个洞，洞的增加同时也激发了人们的玩球兴趣，直到在桌子开了 6 个圆洞，才演变成了今天落袋式台球球台的雏形。

在球台的发展过程中还有过八角形球桌，在桌每边开洞。共有 8 个洞，洞增多了，一盘球可以多容纳几个人来参加。

到了 19 世纪初，台球运动的发展开始走向成熟阶段，在技术提高的同时，设备用具也随之发展，许多大大小小的改进和发明创造不断涌现。

在台球桌方面，原来用的球桌就是普通的木板桌子。因受气候影响木材变形，台面平整很难保证，直接影响击球技术的发挥。约在 1827 年开始采用石板做球台台面，才有了光洁平整不变形的高质台面。

球台的台边，最初是用毛屑或棉花包裹起来钉在台边上来用。因为没有弹性只能起到一种缓冲撞击的作用。到 1831 年才开始用橡胶取代。1835 年美国人费仑、1854 年美国人半沙波尼兰先后改进并发明了弹性良好的正规橡胶台边。

　　球杆的皮头是谁发明改进的呢？现有两种传说：一种是 19 世纪初所用的秃头球杆是一个驻印度的法国士兵明夸特发明的。有一次他犯了错，被长官处罚，强制长时间击打台球。他发现木制球杆的秃头不好用，便在秃杆头上加一块皮头，经过试用效果很好，便开始推广了。

　　另一种说法是：皮革头是由法国台球名手米佳发明的，并在英国又发明了巧克粉，可以防止球杆击球滑杆。

　　台球所用的"球"也有一段发展过程。最早使用的台球，是用木材或黄铜做的，后来受印度象牙装饰品和高级用具的启发，因此象牙也被选用作台球材料了。一只象牙可以做 5 个球，根据当时需要估计，每年要有万余头大象的牙才能解决，用量之大实在可观。由于台球质量要求高，圆度要圆，每个球的重量要求要同，因受产品合格率的影响，价格昂贵，只能供王室贵族少数人享用，严重阻碍了台球运动的普及与发展。

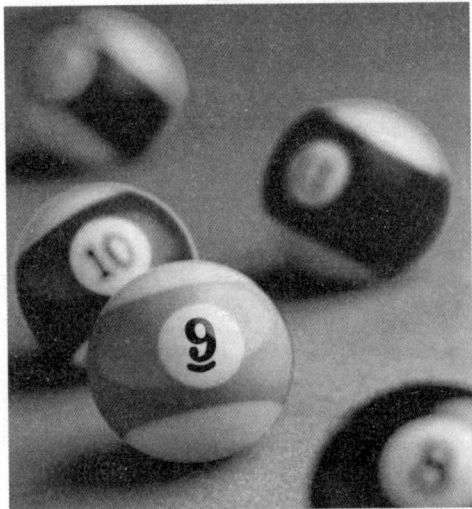

弹性良好的塑胶台球

　　直至 1868 年，台球在西方国家广泛发展，球的需求也随之巨增，纽约一家台球公司自愿拿出一万美元赏金，征求象牙球的代用品。当时被誉为美国塑料工业之父的海亚特，用化学方法研制成功塑胶台球，这项发明促进了台球制造工业革命性的变化。同时也对台球运动事业的发展作出了巨大的贡献。因此，海亚特也被美国台球协会选进了名人馆。

台球运动组织的建立

　　关于台球运动组织的建立，最早的国家是英国于 1885 年由业余与职业球手组成了台球协会，并制订了第一套正式的比赛规则。1908 年又由对立的一方组成了台球管理俱乐部。1919 年，台球协会和台球管理俱乐部达成合并协议，组建了英式台球和斯诺克台球的最高组织——台球联合会，主持两种台球的比赛和制订规则。

1940 年成立了世界台球联盟，是国际台球活动的组织机构，总部设在比利时的首都布鲁塞尔，行政中心设在西班牙的巴塞罗纳。世界台球联盟负责世界性的台球比赛。全世界许多国家都开展有台球活动，并建立有台球协会。如今，加入世界台球联盟的国家已有 30 多个，都是该联盟的会员国。

美国台球协会成立于 1948 年，是美国各种台球运动的最高统辖机构，会址在芝加哥。1965 年该协会又设立了一座台球名人馆，保存台球史上的重要资料及杰出人物的光荣记录。

早期台球运动高手

在英国最早流行的是英式台球比赛，最早的第一位高手是卡尔，以后是爱德温·肯特菲耳，称霸 25 年之久，不但球技精湛而且也在改良台球器材方面作了许多贡献。

1849 年崛起的是罗伯兹，1870 年首届世界英式台球大赛中，著名的柯克击败了罗伯兹。两个月后柯克却败给了罗伯兹的儿子小罗伯兹。本列特又打败了小罗伯兹。以后小罗伯兹又多次获胜。

到 19 世纪末，英式台球的霸主一直属于小罗伯兹。进入 20 世纪后，最杰出的英式台球的名手有澳大利亚的华特林登和英籍的戴维斯。

开伦台球（法式台球）的世界杰出的名手首推美国人斯卡夫，由于他掌握一手精湛的撞球绝技，因此被誉为台球名人中的奇才。19 世纪末至 20 世纪初，是他的鼎盛时期。在开伦台球界，他的名字是最令人崇敬的。

还有一位开伦台球的名手利奥勒，是一位西班牙人，他不但在开伦台球方面称雄于世，而且在美式台球中也称霸球坛。1887 年，他第一次赢得美式台球冠军后，以后在 24 年中，总共获得 15 次美式台球冠军。在开伦台球方面，从 1908 年到 1919 年，他共得了 10 次冠军。

美国第一次职业台球赛是在 1860 年，冠军是考曼拉，最早称霸的美式台球高手是利奥勒和海斯顿，在他们之后较为突出的是塔伯斯奇，曾取得 6 届世界美式台球冠军。还有更为出类拔萃的格拉夫，从 1919 到 1937 的 8 年间，曾 14 次获得该项比赛冠军。继其之后突出高手是莫司克尼，是美式台球王中之王，曾赢得 13 次美式台球世界冠军。

斯诺克台球的发展历程

虽然台球运动的历史可以上溯到 15 世纪，但斯诺克的发明则相对晚了许多。一个普遍的说法是斯诺克台球是由驻扎在印度的一名英国军官和战友发明的，后来传到英国，并流行于世界各地。

张伯伦时代：萌芽时期

斯诺克台球的兴起可以追溯到 1875 年，是由驻扎在印度的一位英国军官内维尔·鲍斯·张伯伦和他的一帮战友们首先发明的。

在斯诺克台球产生之前，台球游戏早就存在，而且有多种玩法。其中，有一种叫做"黑球入袋"的玩法，在内维尔·鲍斯·张伯伦所在的军队中非常流行。这种玩法使用 1 个白球、15 个红球和 1 个黑球。

在那个炎热而漫长的夏天，内维尔·鲍斯·张伯伦和他的战友们觉得"黑球入袋"的玩法太过简单乏味，便决定结合这些游戏中有意思的部分改造成一种新的玩法：增加黄色、绿色、粉色三个彩球上去。不久，又嫌不够，再加上了棕色球和蓝色球。这样，便形成了至今已风行全球的 22 个球的斯诺克台球。

据说，斯诺克台球的命名也与内维尔·鲍斯·张伯伦有关。有一次，内维尔·鲍斯·张伯伦同一个伙伴在打这种由他们新发明的 22 个球的台球时，一个很容易的进球对方没有打中。他便顺口戏谑对方是"斯诺克"（斯诺克是那时当地军事院校里对一年级新生的流行称法）。

他这么顺口一叫提醒了大家，使大家意识到，对于这种新的桌球玩法，大家都是新手，都是"斯诺克"。于是，斯诺克的叫法便开始流行并固定下来。

张伯伦最初的主张直到 1885 年才从印度传出去。小约翰·罗伯兹，这位伟大的台球运动员，在班格罗遇见那个时代桌球最伟大的倡导者张伯伦后，将他的建议带回了桌球的故乡——英国。但是，当时在英国传统的比列台球占据着主导地位，被认为是正统的和科学的玩法。斯诺克台球只是民间的一种娱乐方式，难登大雅之堂。

乔·戴维斯时代：跌宕成长时期

在斯诺克爱好者们坚持不懈的努力下，于 1916 年，首次举办了英格兰业余斯诺克锦标赛。然而，一直到 20 世纪 20 年代出现了斯诺克大明星乔·戴维斯，斯诺克台球才真正开始在英国流行。

在早期，打斯诺克的一般概念是将明显可以进的球打进袋，然后打一个安全球，等待下次进球机会。但是乔·戴维斯已经发展和掌握了高超的连续进球的技术。他是第一位认识到控制母球回位的重要性的斯诺克选手。

戴维斯利用控制母球的回位，创造连续进球机会，多次刷新单杆得分最高纪录。这成为日后所有斯诺克选手必须掌握的一项技术，而比赛中极富策略的侧旋球也进一步加强了该动作的难度和复杂性。

乔·戴维斯的精湛技艺吸引了大批观众。1927 年，在乔·戴维斯和他的朋友们的努力下，台球协会和管理俱乐部终于同意并且成功地在伦敦举办了历史上首届斯诺克台球世界职业锦标赛，奠定了斯诺克在台球界的地位。经过 6 个月的奋战，也完全在大家的预料之中，乔·戴维斯以绝对优势夺得了首届世界职业锦标赛的冠军。

在一片胜利的欢呼声中，第一颗耀眼夺目的斯诺克明星诞生了。乔·戴维斯在以后每年举办的世界职业锦标赛中，一直稳坐冠军宝座，直到 1946 年退休为止。在所有的正式比赛中，乔·戴维斯没有输过一场，而且每次决赛结果，冠亚军之间都差距悬殊。

乔·戴维斯在比赛中

现在，世界前 100 名职业选手之间，已不再存在如此明显差距了。乔·戴维斯真可谓是斯诺克历史上的一位奇才。

乔·戴维斯退休以后，他的弟弟弗雷德·戴维斯和沃尔特·唐纳德森控制了世界职业锦标赛。直到 1957 年，约翰·普尔曼登上冠军宝座，并且一直保持到 1969 年。不幸的是，在约翰·普尔曼的时代里，大众失去了对斯诺克的兴趣，斯诺克职业选手几乎从公众娱乐舞台上销声匿迹，但并不是他本人的错。

群雄并起时代：蓬勃发展时期

直到 1969 年，随着彩色电视的诞生，斯诺克桌球再次获得新生，并且得到蓬勃发展。当时，英国 BBC 电视台正在开发以迎合彩色电视播放的体育节目。而斯诺克桌球以其所具有的丰富色彩，显而易见是最能发挥彩色电视优势的体育节目，理所当然得到了 BBC 电视台的青睐。

很快，BBC 电视台推出了斯诺克桌球的比赛专栏，并且直播一些斯诺克比赛实况。斯诺克台球明星很快就成为家喻户晓的人物。随之，也诞生了一代新的斯诺克职业选手。

1969 年，约翰·斯潘塞赢得了他 3 次世界职业锦标赛冠军的第一次。1970 年，雷·里尔顿赢得了 6 次世界职业锦标赛冠军的第一次。

斯诺克的 20 世纪 70 年代可以说是雷·里尔顿的年代。亚历克斯·希金夺得了 1972 年和 1982 年世界职业锦标赛的冠军。而特里·格里菲思则获得了这项大赛 1979 年的冠军称号。1980 年的世界职业锦标赛的冠军头衔为克里夫·桑本所获得。

从 1981 年起，这项代表世界斯诺克最高水平的锦标赛桂冠，便经常成了史蒂夫·戴维斯的囊中之物。在 20 世纪 80 年代里，他 6 次夺得了这项大赛的冠军，成为新一代的斯诺克霸主。

丹尼斯·泰勒在 1985 年的世界职业锦标赛上击败史蒂夫·戴维斯的那场决赛，吸引了成千上万名观众，创下了英国 BBC 电视台 1850 万观众的体育节目收视纪录。

乔·约翰逊意外赢得了 1986 年的冠军。1989 年，史蒂夫·戴维斯又一次夺得这项大赛的冠军，得到的奖金高达 105000 英镑。

现在，斯诺克桌球已广泛地开展到了地球的各个角落。亚洲同欧洲是发展最快的地区。1988～1989 年，两个世界排名赛首次分别在加拿大和法国举行。接着，一些世界排名赛又相继在香港、曼谷、杜拜举办。1998 年的亚运会，台球被列为金牌项目。今日，斯诺克台球已成为全世界各国人民喜爱的一项国际性体育运动。

台球在世界各地的发展

台球自产生以后就一直以它独有的魅力，吸引着世界各国的台球爱好者。开始时只是一种供贵族及有钱人享受的游戏，经过演变逐渐成为大众的娱乐。由于每个国家地理环境、喜好习惯及所受影响的不同，英国和以前为英属地的国家对斯诺克及比列台球开展较为普遍；开伦台球则在日本、法国、比利时、西班牙等国较为流行。

随着亚洲各地的经济发展，台球在亚洲发展较快。最早在亚洲发展起来的国家是马来西亚。与马来西亚近邻的新加坡，也许是受了马来西亚的影响，在台球方面也有突飞猛进的发展，国内有许多台球协会和水平比较高的球手。

至于泰国，近几十年的发展也较迅速，涌现了不少台球好手，而这些好手也经常在亚洲区的比赛中取得殊荣。所以，在整个亚洲，东南亚一带发展较快，而在亚洲北部相对来说较慢一些。但亚洲北部的中国及日本，近几年也得到相当迅速的发展。

台球在中国的发展

台球传入中国是在 19 世纪的清朝末期。鸦片战争后，国外华侨首先在中国开展台球活动，进而在中国的上层社会中流传。20 世纪初，在中国沿海大城市就出现了"弹子房"，但消遣对象仅限于达官贵人。

当时，只有大使馆、租界地和北京、上海、广州、哈尔滨、沈阳等几大城市私人开办的小规模的台球厅室，只有几张球台。之后，中国的上海、天津、北京等大城市，先后出现了台球总会。到了 20 世纪 30 年代，上海等地每年都要举行台球比赛，而且还出现过一些台球好手。

1960 年曾举办过一次全国性的比赛。当时，上海还有蔡国纪和新鑫两家小厂生产制造球台，但终因刚刚解放不久，根据当时群众的经济生活状况，参与台球活动为时尚早。因此，仅仅维持几年就结束了。

改革开放后，台球运动受到有关部门的重视，各地纷纷成立了台球协会，并举办了各种台球比赛。1986 年，中国台球协会正式成立，它举办了许多全国性的比赛，组织了国内运动员与世界高手进行技术交流。

当年，上海举办了我国第一次世界水平的比赛"金花杯"巨星大赛，参赛的有戴维斯、泰勒和基夫斯三位世界冠军及新加坡全国冠军林官关、中国全国冠军孙伯麟等。

1987 年 3 月 5 日，在北京举行了"健牌杯"中国国际台球大奖赛，英国的 8 位选手和 8 位中国选手参加了比赛。这 8 位英国选手是当时排名第一的史蒂夫·戴维斯、第三的丹尼斯·泰勒、第五的吉米·怀特、第七的威利·索恩、第八的特里·格里菲斯、第十的托尼·米奥、第十三的尼尔·福尔兹、第十六的雷克斯·威廉斯。

他们的精采表演使我国观众大饱眼福，最后威利·福尔兹以 5∶2 击败吉米·怀特夺得冠军。8 位中国选手虽在第一轮比赛中被淘汰，但张燕斌在对吉米·怀特的比赛中赢了一局。

当时，大约有 1 亿观众通过电视转播观看了比赛，他们的精彩表演令观众如痴如醉，大饱眼福。这次比赛使我国掀起了一股台球热。

现在伴随着经济建设的迅速发展，台球也和其他运动一样得到普及发展，大中城市许多体育场馆、俱乐部、娱乐中心、大宾馆、饭店都设有台球厅、室。甚至许多大中小村镇、大街小巷也都遍布台球摊。

1994 年在北京第四十中学与星伟体育用品有限公司首次联合创办了台球运动专业班，引起了考生、家长和社会的青睐，并得到亚洲与世界台联的支持。为贯彻"中国台球走向世界，面向未来"的方针，培养国家急需的有文化理论和高技术水平的新型台球运动员、裁

吉米·怀特在比赛中

判员和管理人才，1995 年在台球专业班的基础上，正式成立了中国第一所"北京台球运动学校"。

1996 年星伟体育用品有限公司又与北京体育大学联合创建了运动系台球项目，为中国培养高级台球专业人才创造了条件。

由于我国的桌球运动开展得较晚，技术水平较低，与英、美等国相比还有一定差距。但是，近几年来，随着我国的国力日益昌盛，桌球活动日益普及，如今已有长足进步，已经接近英、美水平。

1998 年，我国香港选手傅家俊转打职业赛，并在当年以第 377 位的世界排名杀入格兰匹治大奖赛决赛，成为首位进入斯诺克职业赛事决赛的中国人，同时也是打入决赛的选手中世界排名最低的球手。

近年来，内地的 9 球水平也有了很大的提高，如山东选手潘晓婷，凭借数十个冠军和世界第二的排名成绩，被人们称为中国"九球天后"。

与此同时，内地的斯诺克水平也取得了实质性进展。2002 年，我国出现了一个被誉为"亚洲神童"的 15 岁的丁俊晖。当年，他几乎包揽了我国所有斯诺克桌球比赛冠军，其后又连续获得亚洲青年斯诺克桌

球锦标赛冠军、亚洲职业赛斯诺克桌球冠军、世界青年21岁以下斯诺克桌球锦标赛冠军，以及亚运会斯诺克桌球团体和个人金牌。

2005年4月，世界职业台球（斯诺克）巡回赛中国公开赛决赛在北京举行，丁俊晖挫败了7届世界冠军得主亨德利，取得了胜利。显然，这项出乎意料的胜利让丁俊晖名正言顺地成为了中国乃至世界台球界闪现出的一匹最引人注目的黑马。

这是一次历史性的突破，同时也将众多远离台球运动的目光迅速地拉了回来。成千上万的原来对台球不感兴趣甚至不抱希望的观众开始将热情的目光对准了台球这个中国人新开发出来的国际体坛的领奖台。

台球厅里打台球的年轻人

2005年12月，在英国斯诺克锦标赛决赛中最终的决赛上，丁俊晖与斯诺克传奇人物、"天然金块"史蒂夫·戴维斯对垒，并最终以出色的进攻能力压倒了戴维斯稳健的球风，以10∶6取胜，成为英国锦标赛历史上第一位非来自英伦三岛的冠军。

2006年斯诺克中国公开赛中，他不仅打进了四强，还打出了单杆135分——此次公开赛单杆最高分的好成绩。

与当年傅家俊一人在英国孤军奋战的情形不同的是，现在，已有丁俊晖、金龙、刘崧等更多的中国选手走向世界。

中国首个 "台球之乡"

2010年12月21日上午，浦东新区唐镇迎来了文化体育发展史上的重大喜事——中国首个"中国台球之乡"在唐镇挂牌，这也是中国台球协会首次向基层行政区域颁发命名性铭牌。

唐镇与台球素有渊源。1994 年，浦东新区台球协会成立之际，唐镇就是发起单位之一。13 年后，唐镇经济飞速发展，特别是"浦东唐城"奠基后，城市化建设快速推进，如何满足人民群众日益增长的精神文化需求成为当务之急。

当时，台球运动已经在唐镇有着良好的群众基础，随着斯诺克大师赛落户上海，台球已成为唐镇体育活动的一个热点。唐镇抓住日渐升温的台球热机遇，乘势而上，努力做好体育发展这篇文章。

孩子们在教练的指导下练习台球

此时，正值浦东新区政府对体育运动提出了"一镇一品"的要求，唐镇人民政府顺理成章地把台球作为"一镇一品"，借助台球这一平台，打造自己的文化体育品牌工程，把全民健身运动推向一个新的阶段，不断扩大唐镇和新市镇的影响力、知名度。

PART 3　场地设施

一般比赛场地的设计要求

设施设备要求

1. 场馆设计美观，面积大小与球桌安排相适应。

2. 球桌、球杆、台球、记分显示等运动器材和设备，符合国际比赛标准。

3. 球桌坚固平整。

4. 室内照明充足，光线柔和。

5. 各种设备齐全、完好，无损坏。

6. 比赛时球台外延与障碍物（桌子、椅子、围板等）之间的水平距离不得小于 2 米。

台球场馆

配套设施要求

1. 球场旁边要有与接待能力相应的档次和数量的男、女更衣室，淋浴室和卫生间。更衣室配带锁更衣柜及挂衣钩、衣架、鞋架与长凳。

2. 淋浴室各间互相隔离，

配冷热双温水喷头、浴帘。卫生间配隔离式坐式便器、挂斗式便池、洗盥台、大镜及固定式吹风机等卫生设备。

3. 各配套设施墙面、地面均满铺瓷砖和大理石，有防滑措施。

4. 球场内设饮水处。

5. 配套设施设备完好率不低于98%（全国性和国际性比赛的要求比这还要高）。

环境质量要求

1. 由于选手的比赛服装有较严格的要求，所以不适当的温度可能会影响到选手的正常发挥。因此适当的温度是保证选手正常发挥的基本条件。建议比赛场馆内温度控制在20摄氏度至25摄氏度之间。

2. 湿度对台尼有较大的影响，而该影响又直接左右球的运行速度、距离、路线等。简单来说，湿度太大，球滚动速度下降。湿度太低则容易产生静电，使球变线。因而适当的湿度也是斯诺克比赛的必要条件。

3. 斯诺克是一项斗智的精准运动，选手比赛过程中时刻需要投入的思考每一杆击球过程，因此安静的环境也是保证选手正常发挥的关键因素。这里需要同时保证赛场内所有人员及机器设备尽可能的安静以及赛场以外的声音不被传入。

4. 自然采光良好。台面以及库边任何部分的光照强度必须不低于520勒克司。带有金属反射设计的灯具能有效避免出现台面中央区域过亮而周边较暗的情况。选手在球台区域击球时，照射在其身上的直接光线不应使其产生目眩（5000勒克司以上的光照强度能使人产生目眩）。赛场的其余位置（例如看台）的光照强度应不低于50勒克司。

5. 整个球场环境美观、舒适、大方、优雅。

卫生标准要求

1. 场馆内每日整理，随时清洁。球台平整光滑，台面无印迹、污迹，一尘不染。墙面壁饰整洁、美观，无蛛网、灰尘、污迹、不掉皮、脱皮。

2. 地面洁净，无废纸、杂物和卫生死角。所有用品及用具摆放整齐、规范。

球　台

球台分为有袋球台和无袋球台：有袋球台主要是指美式台球和英式台球（斯诺克、比列）；无袋球台是指开伦台球。

球台一般是由坚硬的木材制成，特别是球台的四边，一般用上好的木材，如柚木、橡木、樱木、楸木、菲律宾木制成。球台面一般由3～4块石板铺成，石板经过磨制，表面光滑，接缝严密，无孔隙，上面再铺一层绿色的呢绒。

台面（不包含库边）尺寸

台面必须是矩形，袋口相互对称。斯诺克台面长3569毫米×宽1778毫米，长宽误差不大于正负13毫米。美式球台内沿长252厘米，内沿宽140厘米。

标准斯诺克球桌

球台高度

斯诺克球台的高度（库边最高处到地面的距离）在851毫米到876毫米范围之间，美式球台高80厘米。

袋口

球台周围有6个球袋，两个在置球区附近的桌角处称为顶袋；两个在开球区附近桌角处称为底袋；球台长边中点的两个袋称为中袋。以纵轴线为参考，左右两边的球袋必须严格对称。

世界职业台球协会出版的规则中未对袋口直径作出严格规定。通常斯诺克球台袋口直径在78～82毫米之间，职业比赛通常选用78毫米直径袋口。

台面

开球线和开球线后区域：离底库边737毫米并平行于底库边的这条线叫开球线，开球线至底库边的区域叫作开球线后区域。

开球区（"D"区）：开球区在开球线后区域，以开球线中点为圆心的一个半径为292毫米的半圆。

置球点

球台的纵轴线上标有四个置球点：

（a）置球点（称为黑球点），垂直于顶库边324毫米处。

（b）中央点（称为蓝球点），球台纵轴线中点（顶库边和底库边的中点）处。

（c）锥点（称为粉球点），中央点和顶库边的中点处。

（d）开球线中点（称为棕球点）。

另外两个置球点位于"D"区的两角。从开球区向顶库方向看，右边为黄球点，左边为绿球点。

台尼

台尼材料：台尼必须有明确的方向性，绒毛的长度恰当，不能过长或过短。台尼的羊毛含量不低于95%，尼龙含量不超过5%。100%羊毛含量的台尼是最佳选择。比赛只接受绿色台尼。

台尼的清洁和保养：比赛中推荐使用与台尼颜色相近的绿色巧粉。台尼及库边的清洁和保养建议使用马鬃软刷和专业熨斗。

1. 在清洁和保养台尼时，必须顺着台尼绒毛原来的方向（开球区指向顶库方向）刷，不可横向更不可反向熨刷。熨刷台尼的动作一定要轻柔、规律，以免损伤和改变台尼特性。

2. 软刷的主要作用是除去台尼表面的灰尘和残留的巧克粉末，更可以帮助台尼绒毛恢复原有的方向性，从而保证台尼具有理想的外观及功用。比赛休息间隙有必要对台面进行此项操作。

3. 熨烫台尼前必须用软刷正确清洁，否则台尼上的任何污物或是不正确的绒毛方向将会在熨烫过程中被永久地留在台尼上。

4. 熨烫的主要作用是固定台尼绒毛方向以及调整其湿度。

球

比赛球应选用规定材料，直径为 52.5 毫米，误差最大为正负 0.05 毫米，此外还需同时满足以下要求：

1. 每颗球重量应该相等，且整套球误差不大于 3 克。

2. 比赛中经过双方选手同意后可调换一颗或一套球，或由裁判决定是否需要这么做。

一套斯诺克球由一颗白色母球、15 颗红球以及 6 颗彩球共 22 颗球组成。6 颗彩球分别是：黄球 =2 分；绿球 =3 分；棕球 =4 分；蓝球 =5 分；粉球 =6 分；黑球 =7 分。

主球的清洁

清洁主球主要有两个方面的作用。

第一，去除静电。主球和台面的呢子摩擦一段时间会产生静电，在轻力度击球时这种少量静电会影响主球的速度。比赛中有时会出现轻推跟进球时主球差一点没有走到预定位置，这种情况不一定是力度小了，很可能是静电惹的祸。尤其在高水平比赛中这种简单推球一般不会出现力度控制问题，因而这种情况一旦发生球手一定会立刻要求清洁主球。

第二，去除主球上的污垢。在击打主球时，杆头上的巧克粉经常会粘到主球上；台面上的细毛或球手掉落的头发、头泻等杂物也会因静电吸附在主球上。主球上有污垢会影响瞄准或造成主球运行变线和主球减速等问题。

由此可见，台球这种要求精确的运动一点点偏差都可能影响比赛，清洁主球排除客观因素是很重要的。

摆球器

建议使用木质摆球器来摆放 15 颗红球，以确保每颗球有序排列并保持彼此接触状态。摆球时摆球器来回移动时会和台尼有直接接触，因此必须保证摆球器表面光滑以免刮坏台尼。

不建议使用塑料材质的摆球器，因为塑料材质有一定的韧性同时也比较容易变型，不利于快速准确地摆出符合要求的球堆。

球　杆

球杆按用途可大致分为两类：斯诺克杆和美式 9 球杆。规则中对球杆的长短和重量都没有统一的规定，但一般不应短于 914 厘米。

斯诺克球杆多是用优质木材做成。杆体呈圆形，前细后粗，长度在 1.3～1.5 米之间，可长可短，一般以齐肩长为宜，重心要正确，应在球杆尾部的 1/4 或 1/3 处，杆头直径在 9.12 毫米左右。杆头较细，护套为铜质，杆尾削去一角并镶嵌商标；杆头前粘有皮头，皮头是用优质皮革制成，质量好坏直接影响到击球。皮头富有弹性，可以控制击球时的

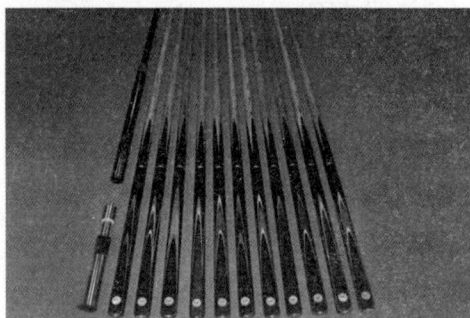

台球杆

撞击力，同时防止打滑。

标准的美式台球球杆也可以称为 9 球杆，杆体比较粗，杆头比较大。球杆前段材料是枫木（一种软木质）。由于美式台球的球比较大，这样的球杆便于发力。美式球杆包括三种类型：第一种是击球用的球杆，一般打球都是用这种杆；第二种是开球用的冲球球杆，皮头及木质较硬，力量大，但不适合用于击球；第三种是用于打跳球用的球杆，打跳球的球杆由于是打跳球专用杆，它的长度较短，因此它只能打跳球。

两种球杆在手感上也有很大区别：斯诺克杆皮头小巧，因此击球点精确，最适于打斯诺克，但绝对力量稍差；而 9 球杆皮头大，正适合于打大球，但是击球点不如小皮头那样准确。

球杆的性能

球杆的性能主要体现在球杆前段的软硬上。硬度低，击球时的弹性好，有利于打旋转球、薄球、定位球；但是发力击打远距离球时，由于击球的力量比较大，球杆的前段发生比较大的形变，因此影响击球的稳定性。偏硬的球杆打旋转球的性能略差一些，但击球的稳定性相对比较高。

另外，球杆纹路的紧密与否会影响到球杆前段的软硬程度，通常纹路越紧密和比较重的球杆前段比较硬，而球杆前段的长短幅度也会影响到前段的软硬程度。

一支高品质的球杆前段其纹路的一致性、对称性是一非常重要的考虑因素之一。当然一支近乎完美的球杆前段几乎是不太可能的事，因为即使是同一根木头也会有少许差异的，所以，在从皮头以下 15～20 厘米处的纹路笔直紧密、木头年轮一致、质量较重的球杆前段视为上选。一般好的球杆应当在硬度和弹性上保持适度的平衡。

球杆的养护和修理

球杆是比较娇嫩的，虽然在制作时进行了多道高温干燥等处理程序，但在受潮、风干或温度变化过大以后，仍然容易弯曲变形。因此球杆买来以后，仍然需要进行加工和细心的保养。

新球杆在使用前最好进行一次加工，如果所处地区是环境气候较好的地方，只要简单地涂上一层地板蜡就可以了，这样可使杆身光滑，便于击球，也可防止潮气的侵袭；若是在环境气候比较恶劣的地方，最好对杆身进行加油处理。杆身如有油漆，应该使用水磨砂纸去掉油漆，再用极细的抛光砂纸抛光，然后上一遍橄榄油。为了使木质部分完全都吃进油，间隔一段时间后要再次上油，直到球杆不再吃油为止。

为了防止球杆弯曲变形，球杆在短暂不用的时候，应该把它垂直放在球杆架上，或者使用球杆专用的吊放器将其吊起，杆尾朝下。如果隔夜使用时，应将球杆放在专用的球杆盒中，这样外界的温度和湿度对它影响较小。

为了防止球杆盒内的绒布吸收潮气，应在盒内放置干燥剂，并定期更换。对球杆袋或盒在一定时间后要进行清洁。

球杆不论是否保存在球杆盒内，都不要放在温度和湿度变化较大的地方，例如球杆不要长时间放在汽车内，也不要放在过冷或过热的地方。球杆不要磕碰或加压，有些球员在打靠近岸边的主球时，习惯性地把杆头搭在岸边，然后用手加压，这时杆身会明显变形并对球杆非常有害。球杆的尾部也不要重重地与地面碰撞。

不少球杆中部铜制连接件的丝扣空隙过大，这样在击打时容易脱扣松动，影响击打的准确性，对此问题应给予足够的重视。球员们可用丝扣密封带，在丝扣上缠绕两三层来避免上述现象的发生。经过处理的球杆在力量的传导方面感觉更好。不过要注意加密封带处理后，不要影响杆身的笔直。

球杆前端的皮头长时间使用后将会磨损，需要及时更换。在更换时，先将旧的皮头剥下，将球杆的头部和新的皮头粘合部用特细的砂纸打平，再将表面清洁干净，然后将球杆和皮头的黏合部均匀地涂上一层胶，胶层不能太薄，否则粘接不牢，易于脱落。只要胶面不再黏手即可黏合，对齐位置后，用力压紧，然后放置 12～24 小时后即可使用。

买来的球杆有的已粘好皮头，有的球杆只是在球杆的头部粘有一段软木需要自己来粘接皮头。首先要用刀子将该段软木除去并把杆头清理干净，然后按照上述方法将皮头粘好。

目前有的球杆杆头是由较硬的合成材料制成。这种杆头不易磨损，也比较牢固，不需经常维护，在长时间使用后只需稍加打磨即可。但是它的弹性较差，对缩杆球、长距离球有些影响。

有时皮头部分开裂，表面又看不出来，也容易出现击球偏差过大的现象。因此，在正式比赛前，最好将皮头换新并试打，如有可能应准备两副球杆备用。两个球杆不可能完全相同，所以大多数的球员总是使用同一根球杆以获得较为舒适的手感。

长时间使用后，球杆杆身会沾上巧克粉和污物。可以使用干净的布来进行清洁，注意不要使用湿布，否则球杆会受潮。球杆前端的皮头变得光硬时，要使用钢锉将皮头打磨一下，使皮头表面粗糙一些。这样可以使皮头挂上巧克粉，因而在击打时可以抓住主球并产生旋转。

记分牌

台球记分牌

记分牌上显示的内容包括：选手姓名、当场比赛最大局数、比赛局分、当局小分等信息。记分牌通过遥控机由裁判或记分员控制。选手以及现场观众能够清楚地通过记分牌了解比赛实时信息。

记分表

记分表为斯诺克比赛专用记分表。对于选手的每一击球、每一杆球和一盘球之内所得的分数或积累分值，包括击球时有无违例、犯规等情况都要清楚予以记载。在记分表格中，裁判员要准确记录比赛情况、比赛项目、组别、台号、场次和比赛时间等等。

台球记分表

比赛结束，要由比赛双方运动员、记分员、裁判员签字后，申报裁判长签字。如果出现比赛得分等误差，可以随时查记分表内的记录。

巧克粉

巧克粉又称为色粉，是用白垩粉制作而成的。它的用途是将白垩粉涂在球杆顶端的橡皮头上，可以避免击球时滑杆，同时也增多了击球点。

目前打台球最常见的巧克粉是两种，一种是浅绿色的，比较散，擦的时候掉下来的粉末也较多，这种巧克粉叫"粉巧"。另外一种是蓝色的，擦的时候不容易往下掉粉末，在杆头坚持的时候也较长，这种巧克粉叫"油巧"。虽然说是油巧，但里面并没有油，这两种巧克粉都是用粉和胶做成的，油巧的胶相对多一些。

巧克粉的作用主要是防止滑杆。但两种巧克粉对于皮头的影响是不一样的，擦粉巧的皮头更容易发力，力量容易集中，所以适合打不加强烈旋转的球。油巧可以使皮头和球接触的时候更长，更适合打旋转类的球，但发力的话，不如粉巧效果好。每个人可以根据自己的特点选用。

因为粉巧很容易掉粉，且一般每打一杆都要重新抹一次，用的量多，所以台球厅一般会备油巧。不过，油巧因为胶质比较多，用的时间长了，胶会透过皮头渗透到杆头上，容易引起杆头的变形，但要变形也不是一天两天的，也需要一段时间，平时注意保养，也不会有太大的影响。所以大家根据自己的情况选用合适的巧克粉。

另外，在打球的时候，用完巧克粉，要把打开的那一面朝上放，否则很容易掉粉到台案子上，增加球桌的清理成本。

架　杆

在较大的英式球台上打球，经常会遇到距离远的球，手支架够不着要打的球，便需要使用一种工具式的架杆来代替，等于把人的手臂给接长了。架杆主要有短架杆、长架杆、高脚架杆和探头架杆（蛇头架杆）等。每张大球台都备有各种架杆和长球杆。

短架杆

在用手支架有困难的情况下，可以借助于短架杆来击球，杆长约1.5米左右，是个"十"字形的支架。

长架杆

在目标球距离太远短架杆也够不着的情况下，可以用长架杆和长球杆一起配合击球。

高脚架杆

在主球与目标球之间，有其他球停留，因一般架杆高度不够容易触球，便可以用这种支腿间的空当比球大的高脚架

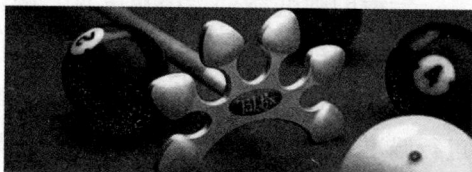

台球架杆

杆，好像一座拱形桥般跨放在那个球的上方，便可以顺利击球了。

探头架杆

这种架杆的外形，有如一条把头伸向前方的蛇故名。当有较多球影响用架杆击球时，可用这种架杆。

插球杆架

打完球后，如何存放球杆也是一件不容忽视的事情。如果随便将球杆靠墙一戳，或往球台上一放，把杆头朝地一立等，都会使球杆弯曲变形或造成局部损坏，影响使用。

在台球厅里，一般都有存放球杆专门的架子或柜子，有的立在室内，有的镶装在墙里，既方便存放，又保护了球杆的完好。

瞄准练习器

瞄准练习器属于台球运动击球入袋基本功法的科学训练教具。以测距瞄准为主，结合传统的厚薄度重合瞄准法，通过计算推导得出来的简而易行的新瞄准方法。

　　一般的瞄准器都是由角度盘、测角指针和测距标尺组成的。能测定主球与目标球间的撞击点，各种偏角球度数及瞄准点与其瞄测的数据（毫米），使台球爱好者和运动员、教练员，用这种科学直观的工具，进行瞄准基本功练习，可迅速熟练地掌握击球入袋的基本规律，提高瞄测准确率。

定位器

　　在比赛时，因多次击球，杆头上的巧克粉及台面的落粉等粘污了球的表面，失去了光滑，影响球的正常滚动，则需要将球表面擦拭干净后，再准确地放回原处，这是一件很难做到的事。因此，就需要有件给球固定的工具，即"定位器"。这是裁判员必须持有的工具。该器是用透明有机玻璃加工制作的。

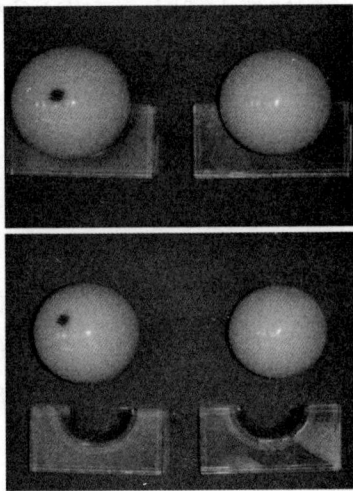

台球定位器

维修工具

　　球杆的撞头（皮头）是易损部件，有时脱落需要更换或粘接，有时表面太滑，需要打磨等等，为了不影响练球或比赛，应备置几件小工具如：胶水、砂布（粗、细）、木锉、剪刀和皮头备件等。

PART 4 风格流派

　　台球的种类很多，除了大家熟悉的斯诺克台球以外，还有很多打法都在国内和世界上流行，并且都有各自的世界大赛，在一些综合性的大赛中，台球项目也设立了很多小项。从不同的角度有不同的分类方法，可以从国度、台球的数量以及台球的击球技巧进行分类。

　　按国度分，台球可分为英式台球、美式台球、法式台球；按数量分，可分为3球台球、4球台球、9球台球、16彩球台球、22彩球台球；按击球技巧分，可以分为斯诺克台球、8号台球、轮换台球等。从不同角度出发分出来的小类之间又各有不同。总之一句话，台球是一项千姿百态、百花争艳的运动。

英式台球

　　英式台球又包括英式比列台球和斯诺克台球两大类，主要流行于英国和欧洲大陆。英式比列台球又称为三球落袋式台球，属基础类型的台球，是世界上正式台球比赛项目之一。

　　英式比列台球出现较早，要求具有较全面的技术打法，目前，世界许多著名斯诺克台球运动员，比列式台球的基本功都相当扎实。而英式台球的另一个种类斯诺克台球更是为世界流行的主流台球项目之一。

　　英文"斯诺克"的含义为障碍之意，是从英文"snooker"音译而得名。斯诺克台球不仅自己可以击球入袋得分，也可以有意识地打出让对方无法施展技术的障碍球，从而使对方受阻挨罚。因此，斯诺克台球竞争激烈，趣味无穷，也是世界台球大赛的项目。

美式台球

美式台球又称美式普尔（也称鲁尔球），是台球的一个重要流派，是在法式台球和英式台球之后又形成的一种新风格。它与英式台球和法式台球并驾齐驱，广泛流行于西半球和亚洲东部。

不过，与法式台球和英式台球相比，美式台球仍不如它们家喻户晓。有人认为，美式台球仅仅是属于酒吧、街头巷尾的"下里巴人"式的游戏而已。然而这正是美式台球大众化、普及化的可取之处。

美式台球中诸如8球制台球在我国也有广泛的群众基础。美式台球包括8球制台球、9球制台球、芝加哥台球、普尔台球和保龄台球等种类。

开伦台球

开伦式台球起源于法国，后来在日本却非常盛行，有"日本撞击式台球"之称，是国际大赛项目之一。开伦式台球没有球袋，它是以球杆击球得分的一种台球打法。

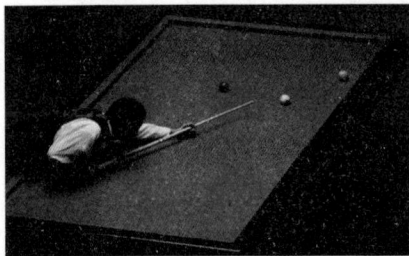

开伦台球

开伦台球打法分为颗星开伦、三星开伦、四球开伦、直线开伦、台线开伦等等，但最流行的要算四球开伦打法了。在中国很少能见到这种台球打法。这里简单介绍一下四球开伦打法，后文不再详细说明。

台面布置及开球

"四球开伦"开局的摆球方法为：两个白球之间有两个红球，且4个球在同一条直线上。当球在台面上放好后，双方各向底边击打一空杆，决定击球顺序。球离底边近者获选择权；也可以抽签决定选择权。开球方以带黑点的白球为主球，另一方以全白色的球为主球。规则规定，对方的主球可为本方的目标球。

按照规则，开球第一杆必须先撞击对方白球方为有效，否则，将判作失机，交换击球权。因开局的摆球是主球与白球之间有两个红球，且四个球在同一条直线上。因此开球方一般是撞击台边，打两边球（即撞击两个台边），使主球撞台边后再击中双球。

在"四球开伦"打法中，台边的作用非常大。如果不能采用直线命中法，就要尽量利用一次、两次、三次甚至多次台边反弹以达到触及双球的目的。

计分方法

"四球开伦"有四个球，两个红球和两个白球，两个白球为比赛双方各自的主球。旧规则计分方法是：主球撞到两个或两个以上的球后，可以拥有击球权。主球击中一个红球、一个白球得2分；主球击中"双红"得3分；主球击中"双红"加一个白球得5分。

这种2分制、3分制、5分制过去较为常用。但是，新规则全部采用1分制，只要碰到三个目标球中的两个，就可以得1分，消除了因球的配置所产生的得分差距，计算也比较简单。

比赛的胜负是以谁先获得约定的分值为准。所以，当本方获得击球权时，应尽量争取多得分。因"四球开伦"用的球稍重些，所以球杆比其他类型的球杆粗些。

PART 5 竞赛规则

台球在世界范围内流传很广，分为很多种打法，每一种打法的规则都不尽相同。这里仅就最为流行的 8 球、9 球、10 球和斯诺克等几种打法，详述一下各自的竞赛规则。

8 球比赛规则

8 球比赛使用母球和 1 号至 15 号目标球。每位（方）选手选择一组球（1 号至 7 号或 9 号至 15 号），在打入自己球组所有的目标球后方可击打 8 号球，合法将 8 号球击入袋则获得一局比赛的胜利。8 球比赛是执行指球定袋规则的比赛，开球无需指球定袋。

以比球决定开球顺序

比球获得胜利的选手可决定比赛第一局谁先开球。第二局及以后各局的开球顺序由赛事组委会规定的开球方式决定。

8 球的摆放

目标球被排列成三角形，三角前端的第一颗球被置于置球点上，8 号球被置于中间，三角底边两端分别放置一颗不同球组的球，其他球随意摆放，但所有球必须彼此相贴。

合法开球

合法开球应当符合以下要求：

1. 母球为手中球并被放置于开球线后；

2. 母球可首先碰触任一目标球；

3. 如果开球选手合法击球入袋（8号球除外），他继续留在台面上击球，球局保持开放；

4. 如果开球没有获得进球，需要至少有四颗目标球接触一次或更多次库边，否则即为开球犯规，接下来上场的选手有以下选择：

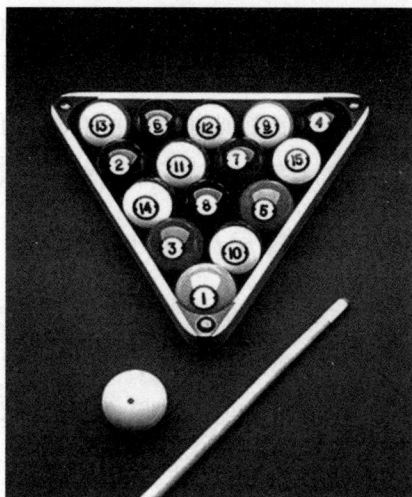

8球比赛球的摆放

（1）接受现有台面所有球的位置继续击球；

（2）要求重新摆球由自己或要求对方重新开球。（本条规则的执行可由赛事组委会在赛前重新约定。）

5. 合法开球并击入8号球并不犯规。如果8号球入袋，开球选手可以选择：

（1）重置8号球于置球点并接受现有台面所有球的位置；

（2）由自己重新开球。（本条规则的执行可由赛事组委会在赛前重新约定。）

6. 如果开球选手击入8号球且母球也入袋则为犯规，对手可以选择：

（1）重置8号球并获得线后自由球；

（2）由自己重新开球。（本条规则的执行可由赛事组委会在赛前重新约定。）

7. 如有任何目标球在开球时离开台面则为犯规，离开台面的球无需被重置（8号球及母球除外），对手获得线后自由球，即：

（1）接受现有台面所有球的位置继续击打；

（2）持手中球于开球线后往顶库方向开始击打。

8. 如果开球犯规并非如上述所列，对手同样获得线后自由球，即：

（1）接受现有台面所有球的位置继续击打；

（2）持手中球于开球线后往顶库方向开始击打。

开放球局/选择球组

在球组确定以前，球局被称为开放球局。在每次击球前，选手必须表明他选择击打的球，除非裁判及对手都明确该选手将要击打的目标球，即指球定袋。如果选手合法地击入他所指定的球，这颗球所属的球组即属于该选手，他的对手则拥有另外一个球组。

如果选手没有合法击入他所指定的球，球局依然保持开放，换由对手击球。球局开放时，选手可以选择击打 8 号球以外的任何其他目标球。

指球定袋

除了开球外的所有击打都必须指球定袋。8 号球只有在选手已打完自己球组的所有目标球以后才能击打。选手可以明确将要进行的一击为安全击打，但是安全击打后由对手上场击打，即使这一击有进球且进球有效。

继续击打

只要选手合法击球入袋，就能留在台面上继续击球，直到合法击入 8 号球获得该局胜利。这期间如果选手没有合法击入任何球，换其对手由母球停留的位置开始击打。如果选手出现犯规，换其对手由母球手中球开始击打。

重置球

如果开球 8 号球入袋或离开台面，8 号球将被重置或重新开局。任何其他目标球出现以上情况都不被重置。

犯规

如果一名选手出现犯规，他的对手将接替击球权并且获得手中球，上场选手可将母球放置于比赛台面上的任何位置开始击球。

犯规说明

如果选手在一次击球过程中同时发生几起犯规，仅最严重的一种将被判罚。如果在下一次出杆前裁判未宣判犯规，则假设没有发生犯规。

1. 母球入袋或离开台面。

2. 母球先接触非法球：母球被击出后首先接触的目标球必须是选手自己球组中的球，除非在球局开放时，否则为犯规。

3. 合法接触后未碰库边：母球与目标球接触后，必须至少有一颗球（台面上任意一颗球）至少碰库边一次或有球合法入袋，否则为犯规。

4. 选手击球瞬间双脚同时离地。

5. 球离开台面。

6. 接触球：除了正常击球后球与球之间的接触以外，以其他方式接触、移动目标球是犯规，除非是手中球。当母球为手中球，此类犯规同样可能发生。如果犯规是无意识的，仅被判为一次犯规，但如果是蓄意的，则是违背体育精神的行为。

7. 连击/贴球：如果球杆在击球时碰触母球超过一次，即为犯规。如果母球十分接近目标球，杆头接触母球时母球同时与目标球接触，该击球即为犯规。如果母球十分接近目标球，而选手出杆仅仅轻轻擦到了目标球，该击球即被假定为未触犯之前所提及的犯规，即使从理论上说，也许母球接触目标球时，杆头可能还在母球上。然而，如果在击球前母球与目标球相贴，选手向整颗球或部分球的方向出杆是合法的。

如果裁判没有宣告母球贴球，则假设没有出现母球贴球情况。击球选手有义务在击球前询问裁判是否有贴球。将母球从贴住的球上击离而未使该目标球有明显的移动并不代表已经击打该球。

8. 推杆：出杆时不得延长杆头以增加与母球的接触距离而形成显而易见的推杆，否则为犯规。换言之，杆头作用于母球的动作应该是瞬间的"击"，而非一小段时间的"推"。

9. 台面上有球尚未完全静止时击球：当台面上有任何球还在移动或旋转时就开始一次击打是犯规行为。

10. 非法母球摆放位置：8 球比赛的开球犯规，母球手中球需置于开球线之后，把母球放置于开球线前是犯规。如果选手不确定母球位置是否处于开球线后，可以询问裁判获得答案。

11. 开球线后的非法击打：当一方选手开球犯规，母球成为手中球，此时母球必须被置于开球线后，母球在经过开球线后，与开球线上或开球线前方的目标球接触，否则便是犯规。如果选手将要击打的目标球在开球线后，母球必须越过开球线之后再接触到目标球，否则便是犯规。如果选手蓄意犯规击打，这将被视为违背体育精神的行为。

12. 放置球杆在台面上：如果选手不使用手架而直接将球杆置于台面上瞄球或定位后击球是犯规行为。

13. 违反进攻顺序：如果无意识违反进攻顺序，被视为一次犯规。如果蓄意违反进攻顺序，就将被视为违背体育精神的行为。

14. 击球过慢：在不限制单杆击球时间的比赛中，如果裁判认为一名选手击球过慢，他应当提醒选手加快击球速度。如果选手没有改善，裁判可以根据实际情况判罚该选手犯规，如果选手在之后的比赛过程中仍然没有改善将被视为违背体育精神。在有限制单杆击球时间的比赛中，裁判应在时间限制前 10 秒提醒选手剩余的时间，如果选手最终击球时间超出限制，则为犯规。

僵局

如果一局比赛出现僵局情况，由该局的开球选手重新开球。

球组混淆

当球组已确定，如果选手错误地击打对方球组中的球，该犯规必须在他进行下一次击打前被宣判。当任一选手或裁判意识到球组已被双方错误地交换击打时，该局即刻结束，由裁判摆球后比赛重新开始，并由原开球选手开球。

输局

如果一名选手出现以下情况则输掉该局比赛：

1. 8 号球入袋同时伴有犯规（开球时除外）。

2. 选手将本球组最后一颗球击打入袋的同时 8 号球入袋。

3. 将 8 号球击离台面（开球时除外）。

4. 8 号球进入非指定球袋。

5. 选手未将本方目标球全部击入球袋前将 8 号球击入球袋。

6. 对手合法将 8 号球击入指定球袋。（8 号球留在台面上的犯规情况，只有"犯规"没有"输局"，8 号球离开台面的犯规情况，只有"输局"，没有"犯规"）

9 球比赛规则

9 球比赛使用母球和 1 号至 9 号目标球。选手依照号码顺序由小至大击打台面上的目标球，当 9 号球被合法击入球袋，该选手即获得一局比赛的胜利。

以比球决定开球顺序

比球获得胜利的选手可决定比赛第一局谁先开球。第二局及以后各局的开球顺序由赛事组委会规定的开球方式决定。

9 球的摆放

目标球被排列成菱形，1 号球位于球堆最前端并被置于置球点上，9 号球被置于中间，其他球随意摆放，但所有球必须彼此相贴。

9 球摆放方式

合法开球

合法开球应当符合以下要求：

1. 母球为手中球并被放置于开球线后。

2. 母球首先击中的球是 1 号球。

3. 如果开球没有获得进球，需要至少有四颗目标球接触一次或更多次库边。

开球之后的安全球——推杆

1. 如果开球没有出现犯规，紧接着有击球权的一方可选择打推杆。

2. 在打推杆前，选手必须事先让裁判知道自己的意图。

3. 打推杆时，选手不需要遵守先接触非法球和碰库边原则，但其他击球规则依然适用。

4. 打推杆时，任何目标球入袋均被视为合理消失，不再取出置于台面，9 号球除外。

即使台面上最小号码的目标球合法入袋，该选后仍然没有继续击打的权力，除非对手让其继续击打。

5. 选手打完推杆后，对手有权选择就目前台面情况开始击球或将击球权交给打推杆的选手。

6. 如果选手开球犯规，对手不能选择打推杆。

继续击打

如果一名选手合法开球后有球入袋，则继续留在台面上进行下一杆的击打。如果他在任何一杆中合法击入 9 号球（除了推杆外），他即赢下此局，包括开球直接使 9 号球入袋。

如果一名选手没有合法击入任何球，换其对手由母球停留的位置开始击打。如果一名选手出现犯规，换其对手由手中球开始击打。

重置球

如果由于犯规或推杆而击入 9 号球或将 9 号球击出球台，9 号球需要被重置于置球点。其他任何目标球在任何情况下入袋或离开球台都不被重置。

犯规

如果一名选手出现犯规，他的对手将接替击球权并且获得手中球，上场选手可将母球放置于比赛台面上的任何位置开始击球。

犯规说明

如果选手在一次击球过程中发生几起犯规，仅最严重的那起被判罚。如果在下一次出杆前裁判未宣判犯规，则假设没有发生犯规。

1. 母球入袋或离开台面。

2. 母球先接触非法球：母球被击出后首先接触的目标球必须是台面上号码最小的球，否则为犯规，此规则同样适用于开球时。

3. 合法接触后未碰库边：母球与目标球接触后，必须至少有一颗球（台面上任意一颗球）至少碰库边一次或有球合法入袋，否则为犯规。

4. 选手击球瞬间双脚同时离地。

5. 球离开台面：将台面上的球打离台面是犯规。9 球比赛中只有 9 号球被击离台面时需要被重置于置球点，母球离开台面后成为手中球。

6. 接触球：除了正常击球后球与球之间的接触以外，以其他方式接触、移动目标球是犯规，除非是手中球。如果犯规是无意识的，仅被判为一次犯规，但如果是蓄意的，则是违背体育精神的行为。

7. 连击/贴球：如果球杆在击球时碰触母球超过一次，即为犯规。如果母球十分接近目标球，杆头接触母球时母球同时与目标球接触，该击球即为犯规。如果母球十分接近目标球，而选手出杆仅仅轻轻擦到了目标球，该击球即被假定为未触犯之前所提及的犯规，即使从理论上说，也许母球接触目标球时，杆头可能还在母球上。然而，如果在击球前母球与目标球相贴，选手向整颗球或部分球的方向出杆是合法的。

如果裁判没有宣告母球贴球，则假设没有出现母球贴球情况。击球选手有义务在击球前询问裁判是否有贴球。将母球从贴住的球上击离而未使该目标球有明显的移动并不代表已经击打该球。

8. 推杆：出杆时不得延长杆头以增加与母球的接触距离而形成显而易见的推杆，否则为犯规。换言之，杆头作用于母球的动作应该是瞬间的"击"，而非一小段时间的"推"。

9. 台面上有球尚未完全静止时击球：当台面上有任何球还在移动或旋转时就开始一次击打是犯规行为。

10. 放置球杆在台面上：如果选手不使用手架而直接将球杆置于台面上瞄球或定位是犯规行为。

11. 违反进攻顺序：如果无意识违反进攻顺序，被视为一次犯规。如果蓄意违反进攻顺序，将被视为违背体育精神的行为。

12. 击球过慢：在不限制单杆击球时间的比赛中，如果裁判认为一名选手击球过慢，他应当提醒选手加快击球速度。如果选手没有改善，裁判可以根据实际情况作出犯规的判罚，如果选手在之后的比赛过程中仍然没有改善将被视为违背体育精神。

在有限制单杆击球时间的比赛中，裁判应在时间限制前 10 秒提醒选手剩余的时间，如果选手最终击球时间超出限制，则为犯规。

连续三次犯规判负

如果一名选手在连续三次击打过程中直接出现犯规，即发生三次连续犯规，罚则是判定该选手输掉该局。裁判必须在选手已连续两次犯规时警告他，否则可能出现的第三次犯规将被视为第二次犯规。

僵局

如果一局比赛出现僵局情况，由该局的开球选手重新开球。

赢局

1. 选手在没有犯规的情况下将 9 号球击入袋或对方连续三次犯规，则其获得该局胜利。

2. 选手在击打 9 号球进袋时犯规，9 号球必须取出被重置于置球点，对方获自由击球权，此过程不能省略。

10 球比赛规则

10 球比赛使用母球和 1 号至 10 号目标球。选手依照号码顺序由小至大击打台面上的目标球，当 10 号球被合法击入指定球袋，该选手即获得一局比赛的胜利。

10 号球在合法开球的情况下入袋需要被重置于置球点，由该开球选手继续击打。10 球比赛是执行指球定袋规则的比赛，开球无需指球定袋。

以比球决定开球顺序

比球获得胜利的选手可决定比赛第一局谁先开球。第二局及以后各局的开球顺序由赛事组委会规定的开球方式决定。

10 球的摆放

目标球被排列成三角形，1 号球位于三角形前端并被置于置球点上，10 号球被置于中间，其他球随意摆放，但所有球必须彼此相贴。

合法开球

合法开球应当符合以下要求：

1. 母球为手中球并被放置于开球线后；

2. 如果开球没有获得进球，需要至少有四颗目标球接触一次或更多次库边，否则即为开球犯规。

开球之后的安全球——推杆

1. 如果开球没有出现犯规，紧接着有击球权的一方可选择打推杆。

2. 在打推杆前，选手必须事先让裁判知道自己的意图。

3. 打推杆时，选手不需要遵守先接触非法球和碰库边原则，但其他击球规则依然适用。

4. 打推杆时，任何目标球入袋均被视为合理消失，不再取出置于台面，10 号球除外。即使台面上最小号码的目标球合法入袋，该选手仍然没有继续击打的权力，除非对手让其继续击打。

5. 选手打完推杆后，对手有权选择就目前台面情况开始击球或将击球权交给打推杆的选手。

6. 如果选手开球犯规，对手不能选择打推杆。

指球定袋

选手在开球以外的所有击打都必须指球定袋。选手可以明确将要进行的一击为安全击打，但是安全击打后由对手上场击打，即使有进球且进球有效，10 号球在此情况下将被重置。

继续击打

只要选手合法击球入袋，任何其他同时入袋的球有效（除了 10 号球），选手继续留在台面上进行下一杆的击打。如果选手在任何一击中合法击入 10 号球（除了推杆外），他即赢下此局。如果选手没有合法击入任何球，换其对手由母球停留的位置开始击打。如果选手出现犯规，换其对手由手中球开始击打。

重置球

出现以下情况时 10 号球将被重置于置球点：

1. 10 号球入袋的同时伴有犯规现象。

2. 开球直接将 10 号球击入袋或选择推杆时将 10 号球击入袋中。

3. 击打前没有指定球袋。

4. 进入非指定球袋。

5. 离开台面；其他任何目标球在同样情况下都不被重置。

犯规

如果一名选手出现犯规，他的对手将接替击球权并且获得手中球，上场选手可将母球放置于比赛台面上的任何位置开始击球。

犯规说明

如果选手在一次击球过程中发生几起犯规，仅最严重的那起被判罚。如果在下一次出杆前裁判未宣判犯规，则假设没有发生犯规。

1. 母球入袋或离开台面。

2. 母球先接触非法球：母球被击出后首先接触的目标球必须是台面上留有号码最小的球，否则为犯规，此规则同样适用于开球时。

3. 合法接触后未碰库边：母球与目标球接触后，必须至少有一颗球（台面上任意一颗球）至少碰库边一次或有球合法入袋，否则为犯规。

4. 选手击球瞬间双脚同时离地。

5. 球离开台面：将台面上的球打离台面是犯规。10 球比赛中只有 10 号球被击离台面时需要被重置于置球点，母球离开台面后成为手中球。

6. 接触球：除了正常击球后球与球之间的接触以外，以其他方式接触、移动目标球是犯规，除非是手中球。当母球为手中球，此类犯规同样可能发生。如果犯规是无意识的，仅被判为一次犯规，但如果是蓄意的，则是违背体育精神的行为。

7. 连击/贴球：如果球杆在击球时碰触母球超过一次，即为犯规。如果母球十分接近目标球但未接触到，杆头接触母球时母球同时与目标球接触，该击球即为犯规。如果母球十分接近目标球，而选手出杆仅仅轻轻擦到了目标球，该击球即被假定为未触犯之前所提及的犯规，即使从理论上说，也许母球接触目标球时，杆头可能还在母球上。然而，如果在击球前母球与目标球相贴，选手向整颗球或部分球的方向出杆是合法的。

如果裁判没有宣告母球贴球，则假设没有出现母球贴球情况。击球选手有义务在击球前询问裁判是否有贴球。将母球从贴住的球上击离而未使该目标球有明显的移动并不代表已经击打该球。

8. 推杆：出杆时不得延长杆头以增加与母球的接触距离而形成显而易见的推杆，否则为犯规，换言之，杆头与母球的接触时间应保证在一个合理的时间区间内。

9. 台面上有球尚未完全静止时击球：当台面上有任何球还在移动或旋转时就开始一次击打是犯规行为。

10. 放置球杆在台面上：如果选手不使用手架而直接将球杆置于台面上瞄球或定位犯规行为。

11. 违反进攻顺序：如果无意识违反进攻顺序，被视为一次犯规。如果蓄意违反进攻顺序，就将被视为违背体育精神的行为。

12. 击球过慢：在不限制单杆击球时间的比赛中，如果裁判认为一名选手击球过慢，他应当提醒选手加快击球速度。如果选手没有改善，裁判可以根据实际情况判罚该选手犯规，如果选手在之后的比赛过程中仍然没有改善将被视为违背体育精神。在有限制单杆击球时间的比赛中，裁判应在时间限制前 10 秒提醒选手剩余的时间，如果选手最终击球时间超出限制，则为犯规。

连续三次犯规判负

如果一名选手在连续三次击打过程中直接出现犯规，即发生连续三次犯规，该选手此局将被判罚输局。裁判必须在选手已连续两次犯规时警告他，否则可能出现的第三次犯规将被视为第二次犯规。

僵局

如果一局比赛出现僵局情况，由该局的开球选手重新开球局。

赢局

1. 选手在没有犯规的情况下将 10 号球击入袋或对方连续三次犯规，则其获得该局胜利。

2. 选手在击打 10 号球进袋时犯规，10 号球必须取出被重置于置球点，对方获自由击球权，此过程不能省略。

斯诺克比赛规则

斯诺克比赛可以单打，也可以双打，可以是个人赛和也可以是团体赛。比赛时，双方选手都使用同一颗母球和 21 颗目标球，21 颗目标球包括 15 颗红球，每颗 1 分；6 颗彩球：黄球 2 分、绿球 3 分、棕球 4 分、蓝球 5 分、粉球 6 分、黑球 7 分。

选手得分的方法是先打进一颗红球再打进一颗彩球，如此交替，直至桌上红球全部入袋。而后依次从彩球最低分（黄球 2 分）逐步往最高分（黑球 7 分）击打。每次得分都加在选手总分中（指一局中）。选手因犯规而扣的分数则加到对手的分数中。

正因为如此，所以障碍球战术常常在比赛中被应用，即选手让母球行进到非活球后面或其他特殊位置（例如袋角阻挡位置），致使母球无法直接击打到任意活球而形成障碍球。尤其当该选手比分落后于对方甚至落后分差超过台面剩余分数时，障碍球战术成为制造对方犯规而得分的重要手段。

球的摆放

每局比赛开始前母球是手中球，目标球被摆放如下：

1. 所有红球排成一个紧密的等边三角形球阵，球阵被置于粉球上方（靠顶库方向），粉球与球阵顶端的第一颗红球间保持尽量接近但彼此不接触的距离，球阵底边平行于顶库边。

2. 黄球在"D"区的右边角上（从开球区向顶库方向看）。

3. 绿球在"D"区的左边角上（从开球区向顶库方向看）。

4. 棕球在开球线的中点上。

5. 蓝球在球台纵轴线的中点上。

6. 粉球在球台纵轴线四分之一（靠顶库方向）的位置上。

7. 黑球在球台纵轴线距顶库324毫米的位置上。

赢局

一盘的获胜者，应是运动员或一方：

1. 获得最高分数。

2. 该盘的对方认负，或对方由于"无意识救球"与"不正当行为"被判罚。

3. 一局的获胜者应是运动员或一方：

（1）赢得该局全部或必须的盘数。

（2）赢得该局最多总分数与相应的累计分数。

（3）对方在该局由于"不正当行为"被判罚。

4. 一场的获胜者，为运动员或一方赢得该场最多局数或获得最多总分相应的累计分数。

8. 在一局比赛过程中，击球选手提出合理的清洁球的要求后由裁判完成该动作。

（1）如果该球不是停在置球点上，裁判应使用一个适当的器具（定位器）作参照，然后才可以将该球拿起并清洁。

（2）定位器暂时代表该球，直到该球被清洁完毕并被放回原位。

如果非击球选手碰到或改变定位器的位置，他将被视为犯规并扣分，但原先的击球顺序并不改变。裁判以他认为最合适的位置将定位器或清洁后的球归回原位。

比赛方式

选手可选用抽签或掷币等双方同意的方式决定击球顺序。

1. 赛开始前，参赛各方应采用抽签或彼此同意的方式来确定比赛次序。

2. 一旦比赛次序决定下来，每盘之中的击球顺序就不得改变。除非一方犯规后，对方要求他继续击球。

3. 一局比赛中的各盘应由参赛各方轮流开球。

4. 首杆运动员应从手中球开球，当其球杆的皮头碰到主球后，或是：

（1）完成了一击球。

（2）让主球移动一个位置。

（3）为了打好一击球，不得有违犯处罚的情况发生。

（4）每轮次的第一击以红球（或指定自由球）为活球，直至所有红球全部离台为止。一击球之内每个入袋活球的分值均应记入得分记录。在同一次击球进袋的每一红球与任何被指定当作红球的自由球，它们的分值应记入得分记录。

（5）如一红球或一被指定当作红球的自由球被击进袋，该运动员可继续进行下一击球，且下一个活球应是该运动员所选的一个彩球。如该彩球被击进袋，可得分。然后再将彩球放回置球点。

（6）红球全部离台前，轮流交替地将红球与彩球击进袋，才能一杆继续下去。直到台面上最后一只红球被击落后，随之一个彩球也被击进袋，一杆球仍可继续进行。

（7）红球全部离台后，台面上的彩球按分值从小到大，依次成为活球，当下一彩球进袋后（除特殊情况外），即留在桌外，不再取出。然后，击球运动员再击打下一个彩球。

（8）红球落袋或出界后不再摆回到台面上，即使运动员因犯规而由此受益，也不予考虑，但是有些特殊情况例外。

如果击球方一击球没有得分或犯规，则其这一轮次击球结束。对方从主球停止的地方开始击球。如果主球出界，主球成为手中球。

盘、局、场的结束：

当台面上只剩下黑球时，黑球入袋或犯规都将使本盘结束，除非同时发生下面两种情况：

1. 此时双方比分相同。

2. （在以累积分定负的情况下）此时的比分不影响比赛最终结果。

3. 当上述两种情况发生时，则：

（1）黑球置于置球点上。

（2）运动员掷币猜先决定击球顺序。

（3）获得开球权的选手从手中球开球。

（4）击球入袋或犯规导致本盘结束。

（5）如果比赛是以累积分决定一局或一场胜负，当比赛最后各方得分相同时，应按上述步骤，将黑球重新置位。

自手中球开球：

自手中球开球，必须放在开球区（D区）线上或线内的任意位置上，可朝任意方向击打主球：

1. 如被询问，裁判员应当说明主球是否摆放正确。

2. 当选手摆放主球时需用皮头触碰主球以帮助定位，在裁判员确认击球运动员并非试图去做一次击球的情况下，则主球不是局中球。

双击

在主球的第一次碰撞时，不得同时击中两个球，除非它们是两个红球，或是一只活球与一只自由球。

放置彩球

已入袋或出界的任何彩球，在下一击球进行前，应被放在置球点上。

1. 由于裁判员没能正确放置彩球，运动员不负任何责任。

2. 当红球全部清台，按递增顺序将一个彩球击进袋后，如被错误置位，一旦错误被发现，该彩球应即从球台上重新移回至正确位置，不需要进行处罚，比赛应继续进行。

3. 对于一个或一些已被错误置位的球，一旦对之进行了一击球时，在以后的击球过程中，它们被当作正确置位的球来对待，任何非正常离开球台的彩球，将被重新置位，而且：

（1）如发现彩球错位系由于原先放置疏忽所致，则不予罚分。

（2）如发生在裁判放置不正确之前，击球运动员进行了击球，应对他按规定罚分。

4. 当需要放置彩球而其置球点被占据时，这只彩球应放在能放置球的最高分值的置球点上。

5. 如需放置一个以上的彩球而它们的置球点都被占时，应优先放置分值高的彩球。

6. 如所有的置球点均被占，彩球应放置在该球置球点与顶岸之间的区域都被占，可将彩球放置在台面纵向中心线上距该球的置球点最近的位置上。

7. 所有上述情况，当彩球被置位时，不允许该彩球与其他球相贴。

8. 欲将一彩球正确置位，需按本规则所确定的置球点，用手来放置。

贴球

裁判应在母球与桌面上可以成为活球的球非常接近的情况下认真观察，并对贴球作出宣告。非击球选手可以在必要情况下提醒裁判对此类情况作出宣告。击球选手必须给予裁判充足时间作出最终判定。

1. 如果主球与一个或多个活球，或可能成为活球的球相贴，裁判员应宣布贴球，同时指出主球与哪个或哪些球相贴。

2. 当贴球被认定后，击球运动员必需击打主球使之离开被贴之球，但不得令被贴球移动或造成贴球。

3. 在下列情况下，只要击球运动员不让目标球移动，就不予以处罚。即：

（1）相贴的球为活球。

（2）该球可能成为活球，且裁判员宣布其为活球。

（3）该球可能成为活球，且裁判员宣布其为活球，与此同时击打另外一个可能成为活球的球。

4. 如果主球停止下来，贴上或几乎贴上一个非活球时，当被询问是否贴球时，裁判员应当回答"是"或"否"，此时，击球运动员必需如前面所述，在不扰动该球的情况下击打主球，使之离开。但必需首先撞击一个活球。

5. 主球同时与一只活球与一只非活球相贴，裁判员只需指出那个被贴上的球即可，如果击球运动员一定要询问裁判员主球是否也贴上了非活球时，他有权被告知。

6. 如经裁判员确认，在击于瞬间被贴球的任何移动并非由击球运动员所造成，则裁判员可不裁定其犯规。

7. 当裁判员观察时，一个静止的目标球未与主球相贴，但后来在一击球开始打之前，却又被看出与主球相接触，这时该目标球应被裁判员重新放到他认可的位置上。

袋口球

1. 球在袋口边上未受其他球的撞击、触动而落袋，且与行进中的任何击球行为无关，则该目标球应放回原位，同时已经获得的分数应予计算。

2. 如果袋口球受一击球中任何球的撞击而落袋。

（1）在不犯规的情况下，应将所有球放回原位，并应重复该一击球，或由该同一击球运动员随意进行另外一击球。

（2）如果犯规发生，该击球运动员应受到规定的处罚，所有球应放回原位，下一个运动员可按通常犯规后的选择进行。

3. 如一球在袋口边上保持短暂平衡后落入袋内，它应被算作正常入袋，不必放回原位。

犯规后主球成为障碍球

犯规后，若主球被造成障碍，裁判员应宣布对手获得自由球。

1. 如下轮次的运动员选择的是下一击球，则：

（1）他可以指定任意球作为活球。

（2）任何被指定的球，应被当作活球来对待，并获得该活球的分值。只有当它被击落袋后，才被放回置球点。

2. 主球在以下情况即为犯规：

（1）没有首先击到被指定的球，或首先同时击中被指定的球与活球。

（2）用被指定的自由球给所有红球或活球造成障碍，但当台面上只剩粉球、黑球时除外。

3. 如果自由球被击落，需将其取出放回置球点，其所获活球的分值应记入记录。

4. 如在主球首先击中被指定的球后，或首先同时击中被指定的球与活球后，活球被撞入袋内，则记录该活球的分值，活球不予取出。

5. 若指定的球与活球同时进袋，则只记录活球的分值，除非被指定的是一红球，则当每个球被击进袋时，应记录其分值。然后自由球被放回置球点，而活球则不予取出。

6. 如果对方要求犯规方继续击球，则宣布的自由球变为无效。

犯规

当比赛中出现违反规则的情况时，裁判员应立即宣布犯规。

1. 如选手尚未打一击球时就犯规了，则其轮次立即结束。同时裁判员应宣布处罚。

2. 如果击球运动员已经打出了一击球，裁判员应当等待，直到该一击球结束后再宣布处罚。

3. 如在下一击球开始之前，一次犯规，裁判员没有做出裁决，对手也没有提出异议，这次犯规被视为宽赦。

4. 任何放置错了的彩球，应保持原地不动。只有再被击落或出界后再将其正确放置。

5. 允许犯规者获得犯规前的所有得分。

6. 对手将在主球停顿下来的地方开始下一击球。如主球出界，对手将获得手中球。

7. 如同时发生多种犯规行为，应按其中罚分最高的分值处理。

8. 如选手犯规，他将：

（1）根据规定受到处罚。

（2）如对手提出要求，必须继续击球。

处罚

选手犯规，应受到4分的处罚，除非在下述1~4款中指出了有更高的分值时，处罚为：

1. 处罚为活球分值的情况：

（1）击球时杆头触动主球一次以上。

（2）双脚离地。

（3）未按击球顺序击球。

（4）开球时主球未放在D区内。

（5）空杆。

（6）主球落袋。

（7）利用自由球做成障碍球。

（8）跳球。

（9）使用不标准球杆。

2. 下列犯规行为，应判罚有关活球的最高分值：

（1）未等所有球停稳就击球。

（2）未等裁判员放置好彩球就击球。

（3）使非活球入袋。

（4）主球首先击打到非活球。

（5）推杆。

（6）触碰了一个局中球，但球杆杆头触碰主球以便完成一击球的情况除外。

（7）击球出界。

（8）双击，按两球的最高分值处罚（两只红球或一只自由球与一个活球除外）。

3. 下列行为应判罚 7 分：

（1）使用界外球以达到任何目的。

（2）使用任何物体进行测量间距或距离。

（3）连续击打红球，或击打红球后又连续击打自由球。

（4）用白色球以外的任何球做主球。

（5）未能根据裁判员的要求指出目标球。

（6）击红球入袋后，尚未指定彩球就犯规了。

继续击球

一旦运动员要求对手继续击球，这一决定将不能更改。被要求继续击球的选手将：

1. 可以改变他要进行的一击球与所要击打的活球。

2. 获得所击落球的分值。

空杆犯规（无意识击球）

击球运动员应尽最大努力去击打活球，如果裁判员认为球员未能尽力，他将宣布该选手空杆犯规。除非台面上只剩黑球或出现了根本不可能击到活球的情况时。在后者情况下，必需假定，经裁判员判定，击球运动员确系试图撞击活球，只要他用足够力量直接或间接朝活球方向击打主球，若不是由于这些阻挡球的缘故，主球便可到达活球处。

1. 当宣布空杆犯规后，下一位选手就可以要求犯规方在主球停留处再击打一次，或者从原来位置上，由犯规方自行处理。在后者情况下，活球应是在这之前最后一击球所要撞击的同一个活球。即：

（1）任何一个红球，于该处红球便是活球。

（2）红球全部离台后，彩球便是活球。

（3）红球落袋后，彩球便是活球的情况下，击球运动员选择的一个彩球。

2. 当主球至任一活球或可能是活球上的任何部位之间有一直线通路，若击球运动员却没能击到，裁判员应宣布空杆犯规。除非裁判员认为运动员在击打一击球前，需要造成或已经造成了障碍，且裁判员认为该次空杆并不是故意的。

3. 当出现2所述情况后，空杆被宣布后，从主球到一活球或可能是活球之间有一直线通路，以致两球可以沿中心整个球体相撞（如果活球是红球时，且未被彩球阻挡，所指的应是任何红球的整个直径），那么：

（1）从同一位置上击打一击球，如果首先击打活球再次失败，则应宣布空杆犯规，不管相差多少分数。

（2）若被要求从原始位置上再重击一次时，裁判员应警告犯规方，如第三次再失败，结果将导致一盘被判处输给对方。

4. 依照本规则将主球放回原位后，由主球至任一活球或可能是活球的任何部位之间，有一直线通路，此时若击球运动员造成任意球犯规，包括准备击球的主球在内，若该一击球尚未进行，则可以不宣布为空杆，在此情况下可以采取别的适当处罚：

（1）下一运动员既可选择自己击球，也可以要求犯规方在停球位置重击一次。

（2）下一个运动员可要求裁判员将所有球放回犯规前所在位置，让犯规方由该处再击一次。

（3）在连续宣布为空杆后，若仍发生上述情况，则任何关于可能将本盘比赛被判输给对方的警告，仍将有效。

5. 所有其他空杆应依照裁判员的判断宣布。

6. 发生一次空杆并且被下一个运动员要求将主球放回原位以后，任何被扰动的目标球应保留其现状，除非裁判员认为犯规运动员将要因此而受益。在后者情况下，任何一个或所有被扰动的球，可在裁判员的认可下放回原位。但无论哪种情况，非正常离开球台的彩球，应被放于置球点上，或入回原来适当的位置上。

7. 在一次空杆后，当任何球被放回原位时，犯规方或下一个运动员都可被征询对该球位置的意见，此后裁判员的决定才算最终结束。

8. 当在征询意见时，无论哪个运动员若触碰了处于局中球状态下的任何球，则他应被当作击球运动员受处罚。原有比赛次序不变。如有必要，被触动的球应由裁判员放回到他认可的位置上，即使该球已被裁判员拾起的情况下，也不允许触碰。

9. 非犯规方有权询问，若裁判员打算将主球以外的其他球放回原位，是否要求主球从原始位置上击球，裁判员应予以说明其意图。

受到触扰的球（非击球选手接触球）

如果静止的球或运动状态下的球，被其他非击球运动员扰动，裁判员应将球恢复到他认定为球的原来位置；或让其继续运动直到停下为止，而不必处罚。

本规则应包括那些由于其他事故或人员迫使击球运动员移动球的情况，但击球运动员的同伴不在此限。球员对裁判员造成的干扰概不负责。

僵局

如裁判员认为比赛出现了或即将出现僵局，将立即建议重新开局。如果选手拒绝，裁判员应允许比赛继续进行。但应附带条件，即宣布在一定时间内局面必需改变，通常应在裁判员的判定下，限定每边各打三杆，如在宣布的时间期满后，局面基本未变时，裁判员应取消所有得分，重新摆放所有的球，如同一盘比赛开始那样。

1. 仍由原来开球的选手开球。

2. 仍保持原来的击球顺序。

赢局

1. 一盘的获胜者，应是运动员或一方：

（1）获得最高分数。

（2）该盘的对方认负，或对方由于"无意识救球"与"不正当行为"被判罚。

2. 一局的获胜者应是运动员或一方：

（1）赢得该局全部或必须的盘数。

（2）赢得该局最多总分数与相应的累计分数。

（3）对方在该局由于"不正当行为"被判罚。

3. 一场的获胜者，为运动员或一方赢得该场最多局数或获得最多总分相应的累计分数。

斯诺克双打

1. 斯诺克双打比赛由双方轮流开球，击球顺序在每局开始时决定，一旦决定不得更改。

2. 新的一局比赛中，双方可改变击球顺序。

3. 如一方发生犯规而对手要求其重打，即使该犯规是由于打错顺序而发生，均由犯规选手重打。此后原先击球顺序仍维持不变，此举将导致该犯规选手的搭档可能少打一轮。

4. 当所有球入袋后双方出现平分，此时如果需要重置黑球继续比赛以此来决出该局胜负，开球的那一方可选择任一选手首先击球，而后击打顺序应如该局之前的顺序。

5. 搭档之间可以互相讨论，但不可以在其中一人已经上场打球期间讨论，而应该等到这一杆连续击球结束为止。

PART 6 战术技术

不少人认为，打台球是很简单的运动，只要用球杆将台球打进球袋就可以了。如果仅仅只是将台球当成一项娱乐，这么说也没有错。但如果想真正打好台球，达到业余运动员，甚至是专业运动员的水准，就必须进行科学的、符合规范的严格训练，不仅要把球准确打入球袋，还必须有标准的姿势、规范的击球动作，并掌握科学的技术、战术和解决各种问题的方法。

身体姿势

身体姿势将直接影响击球的效果，正确的身体姿势能为准确的击球创造条件。有经验的职业选手都知道，如果打球时总是失误，那么击球的姿势以及站位一定有问题。合理的身体姿势有助于保持平衡，同时也是完成击球的保障。

站立姿势

下面列出合理的身体姿势需要注意的几点：

1. 站在出杆击球位置的后方。

2. 保持后侧腿与球杆成一条直线（右手选手为右腿、左手选手为左腿）。

3. 后侧脚立足于脚跟，球杆放于腰际，前侧腿置于球台和后侧腿之间的合适位置。后侧脚会自然外倾，大致与球杆保持垂直，前侧脚指向球杆。

由于身高的不同，可能出现两腿都伸直、后侧腿伸直或两腿都弯曲的情形。这也跟个人偏好有关。关键是一旦决定了适合自己的姿势，就要坚持下去。很多选手在比赛过程中变换姿势，结果找不回瞄准的感觉。

专业运动员的站姿

当然，规则也有被打破的时候，没有一个身体姿势如教科书描写的那样完美。最主要的是保持自己通常的身体姿势，失去平衡时，把臀部搭在球台边或坐在球台边，一只脚触地。此时，我们会明显地感到很难用杆头击中母球的瞄准点。

通常的击球步骤是左髋紧贴短台边，身体重量几乎全部放在左腿上，在有些情况下，一些选手的右腿甚至会悬空。为了避免这种笨拙不雅的姿势出现，可以站在球桌尽头，保持髋部与台边平行，然后俯身击球。

此外，大多数选手在打此杆球时都会提起臀部，在此基础上再次提臀，以便手能伸得更远。一些花式撞球选手每次击球时都会提起臀部，其明显优势就是不需做任何调整。

大家同时需要注意另一种情形，即在远台难以击打球时，职业选手们会适当调整姿势。以名人堂达拉斯·威斯特为例，他在采用标准的姿势击常态球时，会将双脚分得很开。

这样可以达到两个目的：第一，扩大观察远台球的视野，以便灵活调整身位；第二，位置不利于击球时，能最大限度地保持平衡。

检查脚的位置

大多数情况下，标准的身体姿势都能很好地击打目标球，即使是很小的移动，也会影响准确度以及击球效果，甚至整场比赛。尝试下面的方法来检查脚的位置。

首先摆好标准姿势，击打前弯下身去观察击球路线，将球杆杆头放在母球后方。然后，盯着杆头，以后脚脚尖为支点轻轻向内旋转，脚后跟保持固定。

上身姿势

1. 落袋式台球，如斯诺克和美式花球球小台面大，准确度要求高，所以一般多采取腑身瞄准击球，用平背式手杆架，上身向前平伸，与台面很近，头略抬起，下颌与球杆相贴，两眼向前平视，顺着球杆方向瞄视。

2. 无袋撞击式台球，球径大，主球只要能碰撞上两个目标球便可得分，多采用重叠式（厚薄度）瞄准法，准确度要求不高。手杆架采用比较高一点的风眼式杆架。瞄准时，双眼在斜上方扫视球台上的三个目标球，因此，只要上身稍微向前倾斜一点，便可以纵览全局。

怎样才能把面部摆正呢？具体做法是在瞄准时，将下颌对准球杆中轴线上，并与球杆相贴，两眼保持水平，向前平视。这样面部中心，包括鼻子，嘴和下颌，便都能与球杆和右后臂，进入同一个垂直平面里。

看杆头是否移动

如果右手持杆，右脚后跟会向击球路线移动，而杆头实际上会稍稍地向左。现在，重复上述过程。此时脚尖远离击球路线（向外移动），同样保持脚后跟固定。再次重复，尽量向下看。是否看出了变化？脚轻微地一动，便会连带一系列的不稳定。

俯身击球

因此，如果是右手持杆，并经常将母球击打到台面右侧，则有必要根据击球路线对右脚作一个细微的调整。如果选手通常仅仅将母球打到台面的某一侧，那就要对自己的身体姿势做定期检查。

平衡

如果身体姿势不能保持平衡，击球时身体便会摆动。站稳后，让一个同伴在任意一侧轻推可以帮助检查平衡性（用肘轻推即可）。如若任何一侧失去平衡，请调整姿势，直到能站得足够稳。

伸展空间

球杆在击球过程中要保证能自由摆动，身体不能太靠近球桌。击球手臂不能自由伸展或身体太靠近球桌，都会影响到击球效果。击球时试图调整姿势，则容易分神。在球桌摆放紧凑或球桌太靠近座位、墙壁的房间里打球时，身体自然难以放松。所以要注意打球的环境。

同样，不能矫枉过正。觉得太靠近球桌时，不能退到过度拉紧身体去击球的位置。关键是要适度。为达到完美的姿势，一些轻微的调整是必要的。

手　桥

手桥为出杆提供一个稳固的支点，同时可协助调节击打点，但并不能控制球杆（那是握杆手的责任）。初学者会凭感觉采用开放式手桥。如果有教练指点，大多会被要求使用闭合式手桥。至于哪种方式更好，目前还存在着争论。

初学者会觉得闭合式手桥更利于控制球杆，而实际上是后臂在控制。正如职业选手维基·帕斯基所说，"使用闭合手桥时，大家可能会觉得不用担心如何控制球。事实上，若采用开放式手桥，在还没成为不好的习惯前，就会发现诸多问题"。

开放式手桥在保证后臂控制的前提下起导向性作用。然而，当需要大力击打时，大多数职业选手为了更好地控制，宁愿采用闭合式手桥。母球与目标球距离很近时，选手通常也会采用闭合式手桥。

大家所关注的另一个问题就是正确的击球路线。闭合式手桥可能会降低击球时的观察能力，如果手桥姿势不正确就会更糟。职业选手兼教练马克·威尔逊很好地解决了这些问题。马克会使出杆路线与开放式手桥保持在一条直线上，然后食指夹着球杆形成一个闭合式手桥。这种方法有助于瞄准和观察。合适的手桥能最大限度地为球杆提供导向作用。

上述两种手桥有很多变化，可以在障碍球上架杆，也可以在台边架杆或贴着台边架杆。初学者可以尝试提到的所有手桥，尽量保持水平的击打路线。避免抬起球杆后端。如果迫不得已（例如击球时），也要使杆头尽量靠近母球的中部，快速、平稳地击打。

手桥长度

手桥长度指手和母球之间的距离，一般是 20 ~ 25 厘米。短距离击球时可以稍靠近母球。远台击球时（必须伸长胳膊），可以增加手桥长度。

应该记住最重要的一件事：如果增加或减短手桥长度，必须以相同距离调整持杆手。换句话说，若球的距离很近，相对于 20 厘米的标准长度，手桥长度为 8 厘米，持杆手则要向前移动 13 厘米。记住这个简单的规则，有助于保持球杆平衡，从而打出漂亮的一杆。

手桥手臂

很少有人讨论做手桥的那只手臂。传统上，有些人喜欢将手臂伸直，但越来越多的顶尖选手开始弯曲手臂。初期大家可能会觉得不易固定姿势，但可以尝试使用。近距离击打时，手桥手臂弯曲不需变化正常的身体姿势。同样，在漫长的比赛中，相对一直伸长胳膊，这样更加舒服，可以减少肩的压力。

基本动作

闭合式手桥

首先应将做架台的前手五指轻轻分开摆于台盘，然后食指弯曲，指尖按在中指第二指关节的侧部，拇指再轻轻接触食指的指尖；其余两指如同掌中握有一个小球而适度分开。这样，球杆就可以架在由食指与中指、拇指做成的空当里。空当与球杆所成的角度应接近90度。

开放式手桥

先将手掌紧按在台盘上，然后把拇指以外的其他四指分开，手背弓起，拇指翘起和手指的背峰形成一个夹角，球杆就架在这个夹角里。

开放式手桥示意图

特殊手桥

除了常见的开放式手桥和闭合式手桥之外，还有几种架杆方法，不过这些架杆手法都是在特殊的情况下使用的：

1. 当主球和一个目标球相距较近时，架杆就需要四指立起，食指几乎与球台面垂直，其他三指依次倾斜。这是一种不容易做好的架杆方法，但这种架杆方法如果能够练习纯熟，那么在遇到这种球况时便可以得心应手地对付，对于提高台球的技艺很有帮助。

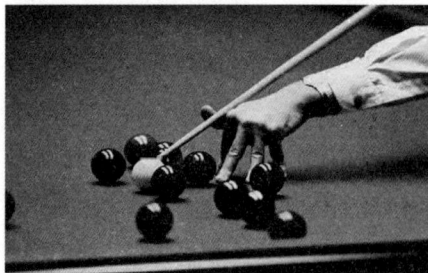

特殊手桥

2. 当主球紧贴台边时，架杆通常需要将四指压在台边上，手背微微隆起，球杆从食指和中指间的夹缝中穿出。

3. 当主球和台边还有一点距离时，架杆可以采用这种方法：四指紧靠在台边上，掌心压住台边沿，拇指、食指和中指略微张开，球杆从拇指和食指的中间穿出。

不稳定手桥

手掌、拇指前端以及其他四指会形成一个稳固的三角形。任何一个部位离开桌面都会使手形变得松散，从而不易控制球杆前端的方向。大家可能看到过一些选手采用直立的手桥，即将后面三指作为起固定作用的三角支架。这也被称为手指手桥。它的优点如开放式手桥一样，球杆可以自由活动，还可以做出一些细微的、下意识的手形调整。如果刚刚入门，请不要轻易使用三指的手桥，相对而言难于控制。

台边上手桥

在岸上或附近的位置架桥时，运动员遇到的最大问题是必须大幅度抬高球杆后端。这会击打到母球的下侧，而不是中部，从而导致母球突然转向。击打母球下侧时，运动员们经常不随势出杆，犯一些短台击球的错误。

如果运动员们将球杆后端放得过低，矫枉过正，击打母球上侧，同样会滑杆和失去准度。尽量保持球杆水平，杆头击打母球的中部。

显然，当母球冻结或贴岸时，就无法保持水平，此时应轻轻击打母球下侧，而不是边缘，以免滑杆。如果必须提高球杆，不能太偏左或太偏右，身体保持自然平衡。若球杆抬起时太偏，会导致母球产生不必要的旋转。

杆　架

杆架是当主球距离自己太远，前手的架台无法靠近时所使用的一种专用工具。也就是说，架杆类似于手桥，在很难的击球位置或远距离击打时使用。在合理使用的基础上，架杆是一个很有用的工具。如同其他技巧，架杆的使用也需要长时间的练习。

在实际击球中，手桥架杆姿势在很多场合会失去效用。比如说当主球停留在台盘中央部分，而目标球又远在底边时，人的手臂不可能伸得那么长，基本的架杆姿势就失效了。在这种情况下，只有依赖特制的杆架来击球。杆架的使用方法没有固定的要求，只要动作合理、不勉强就行。但一般的架杆姿势是这样的：身体直立，上身稍向前弯，左手按住杆架，右手抓握球杆瞄击。

选手在利用杆架击球

杆架有长、中、短之分。长、中两种杆架备有和杆架相配合的球杆，击球者可随球况的需要来选用适当的杆架。杆架虽有长、中、短三种，但站立姿势和使用方法都是相同的。

在实际击球中，还常常遇到主球后面另有一球阻挡的情况，以致无法安放普通的架杆，此时必须使用特备的高脚架杆。

在练习使用架杆时，尝试从杆末端到母球的各种距离，找到合适的架杆位置。这可能会比正常的手桥距离少3~5厘米。

握　杆

首先要选择一支适合自己情况的球杆。宁可只习惯于使用一支球杆，也不要随便拿起一支就用。当然，这是指在有条件的情况下，比如你去买一支球杆，或者在台球厅打球时挑选一支等。这样才能掌握怎样控制力量去击球。

球杆不要太重或太轻，也不可太长或太短，否则用起来会不自由，力量控制也容易产生误差，导致失误情况的发生。所以，选择球杆时应注意长度、轻重要合适。一般地说，合适的球杆长度是将球杆竖起稍高于肩就可以了。

至于球杆的粗细，不能一概而论，因为粗细不同各有好处，只要自己握起来顺手，没有不自然的感觉也就可以了。

初学者可以使用稍重一些的球杆，这样比较容易稳定力量。若使用太轻的球杆，则不容易控制好力量。

当选择好适合自己使用的球杆后，就要学会怎样使后手把握好球杆。

握杆部位

握杆的位置对于击球效果有直接的影响，击球的力量、击球的弹性与握杆的位置直接相关，初学者不妨改变握杆的位置击几次球体会一下。通常最佳的握杆位置由三个因素来决定：球杆的重心位置、击球的力量和被击主球的位置。

显然，第一个因素是关键性的因素。有人认为握杆的位置应在离粗端 39 ~ 40 厘米处，这并不太准确。各种球杆的质量不同，重心位置也有变化，机械地握在同一个位置显然不合适，正确的握杆位置是以重心来决定的，这样握住球杆才能平衡，才使得上劲来。

韩国运动员车侑蓝的握杆姿势

测定球杆的重心位置方法：伸直一手的食指，将球杆放在食指上，然后慢慢调整球杆的位置，使球杆在指上平衡，此时食指与球杆的接触点便是球杆的重心点。

一般说来，球杆的重心位置大约在球杆杆尾的 1/3 至 1/4 的位置，凭手的感觉可以大约估计出来。找到球杆的重心位置后，握杆的最佳位置就可以确定了。一般是在离重心向杆尾一端 6 ~ 9 厘米处。

根据人的高矮和球杆长短不同，握杆的位置还可以适当调整。另外根据击球的具体情况，握杆的位置还可以前后适当移动。这是因为握杆位置、击球力量的大小与主球位置远近有关。一般而言，当主球较远时握杆要靠近杆的尾部；用大力击球时，握杆手也可稍微往后握一些，以便在手架前留足杆头部位的长度；当主球靠近台边或贴台边时，握杆手则需向杆中间移动一些，以便保证动作的正确。

手的姿势

手腕要自然垂下，不要内收，也不要外翻。拇指、食指和中指将球杆在虎口处轻力握住，其余两个手指虚握，保证手指、手腕和整个前臂适度的放松，便于肌肉的协调工作和保证击球动作的连贯流畅，感觉出击球瞬间杆头与球的撞击效果，给手指、手腕以反馈信息，让练习者及时发现和纠正练习中的错误。握杆手要接近腰部并与腰部保持一定的间隔，以便球杆前后运动时不受身体的影响。

错误及纠正

通常出现的错误可以分为三种，即握杆部位不对、握杆太紧和手腕的姿势不对。握杆部位不对表现为握杆位置过前或过后。

其原因是没有按主球的距离和击球力量要求来适当地调整握杆部位。另外，对持杆手的前臂，在握杆时应与地面垂直缺乏理解和体会。

握杆太紧表现为运杆时动作僵硬，球杆上下起伏明显。其原因是担心杆头打不准球，想通过紧握球杆的方法来控制出杆的稳定性。

遇到这样的错误，可如此调整：放松手腕和前臂。体会适当放松才能真正地控制好球杆的稳定性。无名指和小指首先要放松，尤其在拉杆动作中要稍微放开些，避免球杆向后运拉时，因无名指和小指的紧握，使杆尾向后上方抬起。出杆时手腕要随杆上下微动，以免出杆时，杆头向上挑，以此来保证球杆运行的平稳。

手腕的姿势不对表现为出杆时手腕转动；其原因是手腕过于紧张。遇到这样的错误，可以如此调整：放松手腕，保持手腕自然垂直，进行握杆、运杆的徒手练习，观察手腕是否保持自然垂直。

台球瞄准要领

首先，球手应该确认自己用哪只眼来瞄准。一部分人是用左眼，一部分人用右眼，另外一部分是左右眼平衡的。

确定你瞄准眼的方法是：把巧克粉放在球台的一端然后你站在球台的另一端。睁着双眼用食指指向巧克粉，不要动，然后闭上左眼，看看此时手指是否还是指向巧克粉，如果是的话，就说明你是右眼型的。

想确认的话，就按上面方法闭上右眼，这时如果你不得不移动手指来重新指向巧克粉就更证明你是右眼型的了。反之，如果你闭左眼时需要调整手指而闭右眼时不用，就说明你是左眼型的。

如果是双眼型的，则无论闭上哪只眼睛手指指向都有一点点偏离。如果你是左眼型的，在你趴下瞄准时就要保证左眼正对母球，如果瞄准眼没有位于球杆的正上方，你的击球就会出现偏差。

现在你能确定自己的瞄准眼了，那么在出杆击球的瞬间眼睛应该盯着母球还是目标球呢？

当你打球时，脑子里应该只想着两件事：一是你正在瞄准的点；二是让母球沿着你瞄的路线前进。

你的眼睛对你的母球能否撞开红球没有任何帮助。母球的击球点——左塞或右塞、高杆或低杆、运杆的距离、出杆的力度：所有这些在击球时都要照顾到（这些决定了你能否撞开红球）。但你必须把黑球打进，这就是你眼睛必须要盯着要击打的目标球点的原因。所有正规的球手都知道这点，但不是所有的球手都做到了。

总之，永远要记住：出杆时眼睛盯住目标球。

瞄准入门小技巧

台球的瞄准方法，是根据力的直线传递原理，通过主球撞击目标球，目标球被撞击后，便沿着直线进入球袋。因为球台上有 6 个球袋，分别固定在四角和边岸中部，而球是可以在球台上到处滚动的，要想把其中某一个球打进球袋，必须在球群中观察选择。

哪个球的球路、角度最合适、容易进袋，在袋口附近有一个目标球，要想使这个球进袋，便要先看看球路是否合适，然后由球袋口中心，通过目标球中心，划一条直线，这条直线便是目标球进袋要走的路线。

瞄准点就在进袋直线上，距目标球后一个球半径长度的点位上，形象地看上去，就好像是目标球长了个小尾巴，所以就被人把直接找点法称为"看尾巴"。

要培养瞄视感觉与测视能力，练习用双眼能在球台上画出来用肉眼看不见的无形的点和线、偏角的角度大小和距离的长短多少毫米等目测能力。要想练出高超的弹无虚发的瞄准击球水平，必须达到"角正、点准、杆直"的基本功标准要求。

角正：就是在瞄准时，能够用目测测出正确的偏角角度。

点准：就是能够准确无误的确定主球上的击点和找到准确的瞄准点点位。

杆正：就是运杆平稳、出杆平直。

出　杆

抽打练习

前手搭好架台、后手按要求握好球杆后，接下来就要将球杆向前轻击做抽打动作了，也就是人们常说的"遛杆"。在打台球中，抽打动作是至关重要的，这是在实际击球前所做的相当于其他运动项目的准备活动。

做抽打动作时，球杆一定要向水平方向移动，千万不可上下左右摇动，否则就会将主球击到意外的路线上。

击球前，要先把球杆轻轻送出接近主球的击点，再有节奏地轻轻抽送3~4次球杆。注意，抽送动作要连惯、自如，不能把一个整体动作分成几段，以免影响后手的自由运动，妨碍腕力的发挥。然后判断球杆方向，看准主球的击点，果断、利落地送出球杆。

除了特殊球以外（如主球在球台中央附近），后手送出球杆时都要保持水平、笔直，手臂不能左右晃动，前手离主球的距离也不要变。

此外，只要是在球杆不接触主球、杆尖不从前手架台中脱落的范围内，可以做较大的抽打动作，快速、小幅度的动作是没有什么实际效果的。但在弱击时动作不宜太大。抽打动作后的击球瞬间，利用手腕的爆发力出杆，才能使球跑出较远的距离。

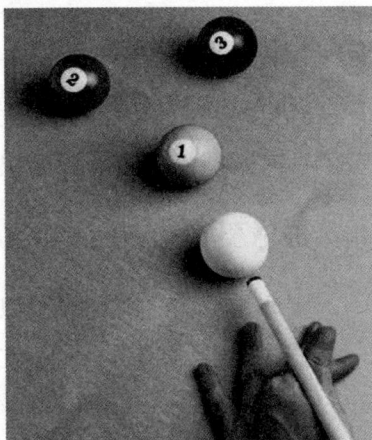

出杆前手臂不能晃动

因此，抽打击球时，手腕关节要灵活富有弹性，这是抽打瞬间的要诀。初学者可以进行一个抽打动作的基本练习：把主球放在开球区的侧部，向斜对面长台边击出，看一看你击出的主球走了多少个台边。6个以下台边说明你的抽打动作没有练习好。要达到6个台边以上才算合格。

双停

当通过抽打练习（运杆）实现技术要求的时候，就到了出杆的时候。这里有一个技术性的词叫"双停"。"双停"顾名思义就是两次停顿：第一次停顿是在你运完最后一杆时，必须停顿一下，停顿的目的是为了稳定身体，确定瞄点，判断力度。

这个停顿时间会根据你需要处理的目标球的难易而有所不同，但基本上应该养成每次停顿的时间都一致。第二次停顿是在拉杆完毕准备出杆时，停顿的目的是为了短暂屏息以再次思考确定，准备完成击打。当所有一切都准备好后就是关键的一击了。

为了保证出杆准确，有几点需要注意：

1. 控制大臂，出杆后大臂不可上下左右晃动。

2. 小臂发力，出杆后与大臂夹紧。

3. 手腕自然放松，小臂带动腕部，不得甩腕。

球员运杆时动作平稳，有节奏，形成规律，无论面对什么球都要一样从容，"双停"不可流于形式，必须在停顿的时候思考调整。平稳的节奏＋有效的停顿＋顺直的出杆＝完美一击。

击球要领

台球与步枪射击有些相似。步枪射击的要领是三点成一线，即右眼（以右眼为例）放在枪身的上方，通过枪口上的准星瞄向靶心，当三者在一条线上时，在保持枪身平稳的情况下，即可扣动扳机进行击发，这样即可击中靶心。

步枪射击要保证上下左右都不能偏差，而台球就比较简单。因为它是在球台上光滑地滚动。不存在上下对准的问题，它主要保证不发生左右偏差即可。球杆杆身相当于射击的枪身，球杆的杆头相当于步枪的准星，主球相当于射击的子弹，目标球的瞄准点相当于射击的靶心。

如果是直线中杆击球时，即是用主球的中心去撞击目标球的中心，此时主眼要放在球杆上方，球杆杆头与球杆轴线要刈准主球中心，当主眼与杆头和目标球中心成为一条直线时，此时将球杆笔直地送出，就能够将目标球打入袋中。

另外一个要领是"目标球运动方向的感觉"，简称为"球感"。也就是在每次击球前，要想象击出的主球在碰到目标球后，目标球将要运动的方向，如果只是根据判断，确定瞄准点来击球，那是不大可靠的，必须在有"球感"后且目标球将要运动的方向与要求的方向一致时，击出的球方能得到满意的结果。

初学者首先要根据判断，找出瞄准点，然后再凭感觉进行精细调整，这样做比较稳妥。单凭瞄准点或者单凭感觉，都可能出现失误。

开　球

斯诺克开球方法

通常情况下，斯诺克开球是由双方运动员掷币或抽签决定的。开球应将主球放在开球区（D形区）内任一点进行击球。开球的战术原则是，防止主球自落，同时不给对方留下连续得分的机会。因而，这就要求开球运动员把握好主球的停位。

一般来说，斯诺克开球有三种技巧。第一种：首先将主球摆在开球区黄色球和棕色球中间，采用薄球打法，轻力度，瞄准靠近顶岸一边的第一个红球，使主球与红球相碰后，经顶岸与右岸反弹回到开球区的后方位置，造成不利于对方将红球打入球袋的球势。

这种开球方法使主球和其他红球相距很远，而且主球与红球之间有许多彩球相隔，使对方难以将红球击落袋内。

第二种开球技巧较为复杂一些。与第一种开球技巧一样，同样将主球摆在开球区黄色球和棕色球中间，开球时，将球杆对准主球的右侧，使主球撞击三角形顶边的第二个红球。

主球撞击红球后，经顶岸和右岸反弹，斜线经过篮球附近，再碰左岸和底岸，停留在开球区内。

这种开球方法关键在于力度的把握，若力度过大，主球就会从开球区内反滚出去，很容易给对手留下机会。这是高水平选手经常使用的

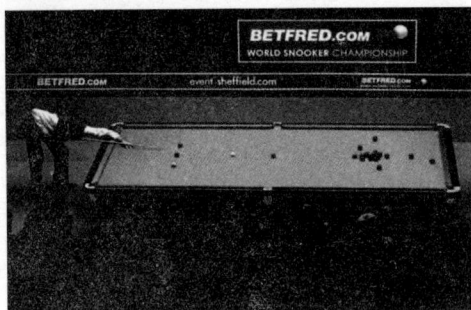

斯诺克台球开球

方法。

第三种开球方法：开球时同样将主球摆在开球区黄色球和棕色球附近，用左高杆，轻力度，直线瞄准顶岸，当主球碰到岸边后，靠自身旋转的力量，反弹后向左运动，直扎在红球堆中，只有少数靠近粉球的红球被震出置球区，使对方没有下球机会。

但这种开球技巧有一个缺点，当这样开球后，对方很容易打好下一杆的球路，所以，很多人都不愿这样开球。

关于斯诺克的开球方法，在比赛中常见的就是以上三种。有一点要注意，开球时千万不要瞄准三角形顶边往下数的第三或第四个红球，否则主球很可能自落顶袋或底袋，也可能将红球堆撞得过散，给对手留下得分机会。

8 球的开球

8 球的开球有三个目的。一是希望开球能有子球入袋；二是使子球散开于桌面；三是使主球停在有利于继续进攻的位置。

直打大力开球

这种开球方法稳健且容易控制主球停在台面中部。这种开球要从开球区的中部击打，才可使能量传递快而均匀，使球阵松散开。如果将主球放在头线的不同位置开球，则会出现各种不同的局面。一般不提倡从侧边向引导球击打，因为球阵会受力不均，所以球阵只有部分散开。稳健保守的直线开球足以对付高水平的球手。

应当注意的是，用力使 15 颗球漂亮地分散于球台，但如果威胁到主球的安全，使主球在撞击球阵之后，移向球阵的方向的做法是不提倡的。击打主球的中心或略为偏下处，正撞引导球，将球阵炸散，并能使主球停在球台中部是最好的选择。

根据开球者的意愿，主球也可以处理得相当安全。将击球线沿伸至球阵，在击球线与球阵后排子球相交的点是另一个参照点，可以用来瞄准，也可以把此点再延长到底边用于瞄准。采用印有十字叉的主球练习，会有助于正确击球，发挥开球的功效。另外，再标记一个点在十字叉的上方以区分上下。

从限制开球区或是从边库开球

从头线上的不同位置击打球阵的引导球，会使引导球弹出球阵至中袋或是到对侧的台边，以至附近的底袋。不要让主球越过意向中的击球线。开球入袋使运动员有机会选择进攻或是防守，能够有权作选择是很得意的事。

使用这种技巧的时候要注意，开球时利用主球来击打球阵顶部引导球比打第二排和第三排的球容易得多。稳健地瞄准引导球，然后开杆足可以使球阵充分散开。

9 球和 10 球与 8 球的开球技巧大致相同，可以参照 8 球技巧进行。

开球的练习

练习时要如同比赛一样重视

在比赛的过程中气氛相当紧张，自己希望取胜，对手也同样希望取胜。因而，紧张是造成失误的缘由。在逆境中保持信心取得胜利，才不愧英雄本色。

当然，这必须要讲求实际，如果一个业余选手，却硬要与专业选手对阵，那自然会溃不成军。在一个势均力敌的比赛中，心理素质好的运动员就会有获胜的机会。如果在准备开球时，运动员能掌握好那一时刻，知道如何做好开球准备并能预料开球之后的局面，这将有助于临场发挥。

在特别紧张的环境下，进行认真练习同样是非常重要的。要在练习过程中培养出一个完美的击球动作程序。击球动作程序就是节奏。击球前的动作程序要点如下：

1. 皮头均匀涂抹巧克粉。

2. 确定击球方案。

3. 找到击球线。

4. 设想如何去击球。

5. 策划瞄准。

6. 击球准备，检查球杆和身体的相对位置。

7. 试击动作几次。

8. 后拉球杆。

9. 暂停球杆。

10. 击球。

11. 击球后的顺势跟进。

每一次击球，都需要严格重复击球动作程序，直到形成习惯，不这样做就觉得不完美为止。瞄准开球就要如同机器人一样，练球也是如此，只有这样且持之以恒，击球动作程序才能印在脑子里，完全属于你。

想象或是视觉的记忆是一个非常重要的手段，这叫做心理控制论。采用你的视觉记忆来想象你打出一个完美的开球，形成一个完美的局面进而使你继续下去直到清台，这就是心理控制论的应用。设想你自己将做出一件成功的事，通常会有助于你在实际工作中操作，这是经过论证的。

充分、严格的训练是建立信心的必要条件，设想也是树立信心的一个方法。在击打每一个球时应集中精力，下定决心会有助于成功。记住，你怎样打球以及精确度如何，将会反映出你练习时间的长短。

完美的练习

"业精于勤"是一个很老的成语，球手们总有一天会认识到，只有完美的练习才会有完美的表演。下面有几个步骤可以帮助运动员达到完美的练习。

1. 理解和练习台球运动中的每一个技术细节。要有一个开球练习的记录本，研究开球练习的进展情况。

2. 在图书、电视或网络上向专业运动员学习，并用试验来检验几天或是几周，把适用的部分变成自己的真理，把不

反复练习才能开出好球

适用的部分剔除。检验这些理论时，建议要在不同的球台上试验，特别是要在大小不同尺寸的球台上试验。

3. 找出自己击球前的动作程序，在打台球过程中深思熟虑会帮助你锻炼出理想的节奏。在比赛过程中，当别人为你码球时，千万不要站在台球桌旁表现出焦虑，或是如同无管教的孩子一般，应到指定的区域内做好各种开球的准备。在你等待码球时，要回顾一下上一局你的开球情况或是你的对手的开球局面，这些情况有助于你思考如何开球。

4. 当球码好，球码架被取走时，再到球台旁观察球阵，看看球阵是否有不完善之处，同时也要观察球阵的位置是否正确。

5. 重新考虑一下如何开球的决定，是用新的方法还是继续用你一直得心应手的方法开球。

6. 如果决心已定，那就开始设想一下你开球的结果，从而更增加你的信心。

7. 开始准备寻找开球的击球线，瞄准并且开始有节奏的击球动作。

建立节奏

发展运动节奏如同记忆一首歌曲，当你刚刚开始训练时，把每一步骤都编上号。你给自己定出："第一步，我在寻找击球线；第二步，我已找到击球线；第三步……"记忆事物是神经系统的功能，需要认真培养。在一开始，必须要记忆一些步骤和过程。你作为一个台球手，必须

要掌握击球动作程序，并通晓采取何种步调来完成这一系列的击球活动。你的击球动作程序或是节奏，也同样是对肌肉记忆的训练。

此外，练习时听一些你特别喜欢的音乐，将会有助于你建立起节奏感。在比赛中你也许不会特意去用这支音乐，但是你在球台周围的活动已经自如了。你的球台风范不要被周围环境或是你的对手所影响，你的风范是你能力的见证，同时也是苦练的硕果。

以往的经验会有助于你对节奏感的了解，因为你能比较容易地体会到节奏感对你输赢的影响，俗话说"前车之鉴"。

在一场又一场的比赛中，每位球手都会有上下起伏的成绩变化。每当一场新的比赛开始，在开局时的那一刻，主动权就在你手中，你的决策会影响这场比赛的命运。你可以认真计划全局，控制好开球，也可以随意把球打散，你的决定不同，结果自然也各异，所以千万不可"掉以轻心"。

训练肌肉的记忆

身体的反复运动会使肌肉产生记忆。没有人运动一次就能够使肌肉产生记忆，要产生精确的记忆必须要通过反复正确的动作。如果你重复不正确的动作，那你将会受到"惩罚"。只有正确无误地重复击球动作，才会成功地掌握落袋式台球的技术，那时你的天赋是唯一制约你掌握技术的因素。

好的教练员会将技术融汇于你的球风之中，他们为了帮助你实现目标而不辞辛苦，他们懂得如何让你迅速提高技术水平。

音乐家每天总是要用数个小时来重复练习同一支乐谱。因为他们知道，人的大脑不可能很快地将事物记住并顺畅地应用。但是人的大脑可以储存和记忆这些动作的能力比我们想象的快。只有严格的训练，肌肉的记忆才能准确。

不被环境所干扰

在一场比赛中，真正的挑战是台球本身而不是对手。台球运动不像其他的运动项目一样要双方选手同时参与比赛。在台球比赛中，只有你自己在运作，无论是击球还是思考都是你独自一人。

事实上，有时在你获得全场比赛胜利的时候，而你的对手甚至连球都还没有机会碰到。如果你没有优秀的开球技术，上述情况是绝对不可能发生的，相反，你可能会输掉比赛。

台球比赛的一个特点是对手可能站在球台边影响你的发挥，这就是众所周知的"诈"，在一些比赛中这种行为是禁止的。体育道德永远是必不可少的，但总是有些人不守规矩，所以要避免与对手讲话，防止在比赛中与对方产生不必要的争执，要学会在比赛中不受旁观者有意或无意评论的影响。

你虽然在独自一人奋斗，可是周围有许多观众，当听到有人议论，千万不要理睬，你最终目的要达到"如入无人之境"，不为环境的杂音、杂物所干扰。

在开球中战胜对手

研究对手的开球技术

你的对手技术高超吗？在这场比赛中你的对手打得很好吗？你的对手开球得分多吗？要观察你的对手如何击打球阵，如果你的对手不断地从球台上一个特定的地点开球，而且总能开进引导球或是翼球，你或许也应尝试从那里开球。

你的对手在何处置放主球？如果他们经常在一个台球室比赛而他们的开球成果丰硕，一定要看准他们放主球的位置。如果你的对手只是个三流球手，那就不必太认真了。

主球击打在球阵的什么地方？要看开球之后主球做出的反应，从而判断引导球的击点。开球之后，主球弹回中部、进了球阵区、停在一侧或是回到开球区，这些信息都是很重要的反馈。

你的对手开球的力度如何？开球时主球的速度直接影响功效。观察对手开球，你可以判断他用力的大小。如果你的开球不理想，你应在开球的力度和主球的位置方面做一些细小的调整。

观察对手开球之后主球的落点

开球之后，对手的主球是否总是落在球台的中部？这是精彩开球的标志。对手从何处开球，用多大力度击打主球，主球击打引导球的地方以及主球的落点会告诉你许多关于对手的开球技术细节。这些事后的信息可以帮你了解对手的开球特点以及对球阵处理的运作。

观察开球时落袋的子球

当你与一个新的对手开始比赛时，一定要观察开球。你应查看球台是否平整光滑，观察台球是否滚到一个特定的区域，应了解子球落入球袋是否有一定的规律。

通过观察台球长距离地滚动，可以判断它们是否可以很好地散开，你同时也要查看它们滚动的偏差，看是否有变线现象。

观察对手一次又一次地开球得分会有一些失落的感觉，除非你也有同样的得分。所以通过开球击打球阵，能够威慑到你的对手。

通过击球入袋，或者给对手留下一些障碍球来控制比赛，使对手陷入严重的紧张状态，可以使你重新获得稳定局面。

为对手合法的（但是发难的）码球

连续不断地采用一种特定的方法码球，给你的对手造成困难是不合法的。比赛规则明文规定需要随机地码球，但如果你码球时用一种发难的随机方法，使自己占得优势，仍然是可行的。

以码球来防御的方法要看对手和你的操作能力，有意图地码球的想法就是为了给对手制造开球障碍。你可以将球码成一个特殊的形式，使主球走位时都要走很多距离，如果你的对手是四颗球的水平，采用"中途球阵"码球方法，可使对手在走位到半时产生僵局难以继续进攻。

使用码球架

码球架是一个新而妙的发明。码球不是一件容易做的事，可是在比赛时却需要不断地码球。码球架可以将球码得紧凑完美，并能使球在开球时在台面上均匀散开，因此为球手们的开球带来了许多信心。

将一个紧凑的球阵打散是一件十分痛快的事，击打松散的球阵既没有意思，也学不到开球技术。码球架可以帮你除去所有不必要的因素，使你专心地将所掌握的知识应用于比赛之中。

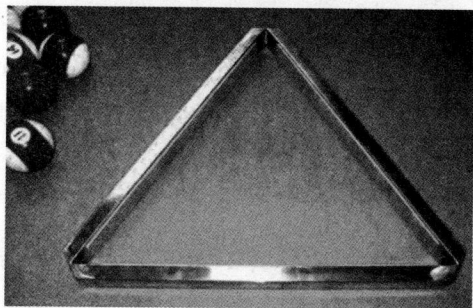
金属码球架

码球架有一个简易的模版，使之能准确地放在球台的置球点处，并保证每次都能准确无误地码球。调整码球架背上的指针与球台面上的两个点，就可以将球码得紧凑而完美。码球架简单易用，按顺序将球放入码球机并向下一压，一个完美紧凑的球阵就大功告成了。

击球点分析

球杆撞击到母球的点以及真正的出力点并不一定相同。其中，球杆撞击到母球的点称为 A 点，而真正的出力点则称为 K 点。A 点与 K 点之间的距离，一般而言是越长越好。因为这样可以缩短母球和目标球之间的距离，也比较容易准确的命中目标，提升打球时的准度。

打球时，即使一样打在拉杆的点上，但是 K 点的力量大于 A 点很多，就是拉杆。如果 A 点的力量和 K 点的力量差不多，但是都只用三到四成的力量，就会形成所谓的煞车杆。当 A 点的力量和 K 点差不多，而且都用八到九成的力量去打，就是"顿拉杆"。

而推杆就是 K 点的力量大于 A 点的力量很多，以产生母球向前旋转的效果。一般而言，如果用相同的力道在推杆和拉杆上，推杆由于有母球向前旋转的力道会比较长。短距离的推杆，如果出杆时不注意，可能会两次撞击，造成犯规，平时应该要多加练习。

顿杆一般要撞击目标球四分之三以上的厚度，才称做顿杆，其效果和煞车杆有点类似。打顿杆时，A 点和 K 点的力道差不多，而且力道都比较大。由于顿杆的速度比较快，因此打顿杆时要特别小心。

击球力度与主球的运动速度

学会打台球并不难，但要想打好台球就难了。为什么呢？打台球最困难的就是如何控制用力的大小（即打出去的主球速度的大小）。有些人即便能非常准确地击打主球的击点，非常明白主球的行进路线，但却不能控制好击球用力的大小。

击球用力的困难，说实在的，就连许多台球高手也不敢保证能使发出的力量恰到好处。虽然用力的大小是这样不好体会，完全要靠打球中积累起来的经验感觉来掌握它的分寸，但依然可以对其中所包含的的原理做一个大概的分析。这对指导实际练习击球用力的大小将会起到一些帮助作用。

在物理学上，物体的运动量是以其速度乘以质量，如果球杆的质量与球的质量相等的话，那么球杆的速度与球的初速度也应该相等。但我们知道，在多数情况下球杆的重量要比球的重量大一到二倍，所以球的初速度就会大于球杆的击出速度。

也就是说，在球杆和球的质量保持不变的情况下，它们二者之间自然保持着正比的关系。由此可见：重杆比轻杆给予球的速度要大，轻球比重球所受的初速度要大。

由此就能够清楚地了解到，用球杆击打主球后主球的运动速度了。当然，这种分析纯粹是理论上的，若要在实际中把握住击打主球的力量用得恰到好处，还要靠平时的勤学苦练才能得以领会，这也正是打台球的乐趣所在。

主球击点与其运动方向的关系

主球的运动方向是指主球在碰撞目标球之前所走的前进路线。主球的前进路线与主球的击点，即击球点关系密切。只有了解了它们之间的关系，才能掌握主球被击打后的行进方向。

主球运动方向千变万化，但有两种最基本的情况：

第一，如果球杆沿水平方向击打主球的正中击点，那么主球的运动方向就会与球杆中轴线在同一条直线上。

第二，如果球杆沿水平方向（不包括垂直竖杆击法）击打主球的侧部击点，那么主球的运动方向就会与球杆中轴线的运动方向平行。

上述两种最基本的主球运动方向在实际击球中至关重要。许多初学者打台球，开始时把球杆对准球的正中点，计划撞击目标球的一部分，但还没打又觉得不对，改击主球的侧部，想使主球产生旋转。在这一过程中，由于他们不明白上述道理，只移动了前手杆件，而没有进行整体移动，因此主球被击出后自然和击球者预测的路线完全不一样。

当主球与目标球相距较近时，这种感觉还不明显；一旦主球距离目标球较远，就会明显地感觉出主球偏离了预想的路线。

目标球被撞部位与主球运动方向

当我们击打主球去撞击目标球的时候，如果仅仅注意撞击目标球入袋是不够的。因为，在主球与目标球相碰撞的瞬间，主球自己原来的行进路线也会发生变化。如果我们不能预见变化后的主球运动方向，便有可能造成在目标球被撞入球袋的同时，主球自己也滚进同一或另一球袋里去的局面。

要想预见主球在撞击目标球后的运动方向，应先了解一下什么是偏球以及厚球、薄球的问题。

什么是偏球呢？凡是主球不正面撞击目标球，均称为偏球。在偏球中亦有厚球、薄球之分。所谓厚球、薄球，是指主球撞击目标球时侧偏的程度。也有人称它为倒偏几分之几。一般地说，主球撞击目标球 1/2 以上的称为厚球，撞击 1/2 以下的称为薄球。这几分之几的说法，就是指主球撞击目标球时相重叠的部分。

厚球和薄球是实际比赛中经常使用的击球技术和战术，因此在平时练习中必须熟悉各种厚、薄球的球形。偏球的厚薄，大体上可分为以下几个类型：

1. 二分之一：将目标球分为二等份，主球撞击目标球的1/2。
2. 三分之一：将目标球分为三等份，主球撞击目标球的3/1。
3. 三分之二：将目标球分为三等份，主球撞击目标球的3/2。
4. 四分之一：将目标球分为四等份，主球撞击目标球的4/1。
5. 四分之三：将目标球分为四等份，主球撞击目标球的4/3。

无论打什么厚薄的偏球，瞄准点都应该是目标球横向半径延长线与主球纵向运动方向延长线的交点。要打各种偏球，一定要熟悉这些瞄准点的所在位置。

主球击点与目标球被撞部位

1. 击主球正中击点撞目标球正面：如果球杆击主球的正中击点撞目标球的正面，主球和目标球相碰撞后会立即停止不动，也就是台球术语中的所谓定球击法。

这是因为被击正中点的主球，既没有向前的旋转也没有向后的旋转，只是由于台面的摩擦而向前滚进；当其正面撞击同质量的目标球时，便将所有的动力全部传给了目标球，而自己在目标球原滞留处停了下来。

2. 击主球正中击点撞目标球侧面：如果球杆击主球的正中击点撞目标球正面以外的地方，那么主球和目标球相碰撞后无论目标球被撞部位是薄还是厚，两球都会呈直角分离行进，一个偏左，一个偏右。

3. 击主球中上击点撞目标球正面：球杆击主球的中上击点与击正中不同，击打中上击点主球会产生向前的旋转。当其撞击目标球正面时，主球就会跟着目标球行进于同一方向，也就是前面术语部分讲过的跟球击法。

这是因为，被击打的，主球从一开始就具有向前的旋转，在撞击目标球正面后虽然把自己的一部分动力传给了目标球，但向前的旋转使它跟着目标球继续向前行进。

4. 击主球中上击点撞目标球侧面：如果球杆击主球的中上击点撞

目标球的侧面时，主球的运动方向与目标球的运动方向将不是同一方向，二者之间形成一个小于直角的分离角。击点越靠主球上部，这个分离角就越小，主球会越过撞点的切线行进。

如果球杆击主球的左上点或右上点，厚撞目标球的右面，与击打中上点相比，主球就会略偏于左方或右方行进；厚撞目标球的左面，主球就会略偏于右方或左方行进。

5. 击主球中下击点撞目标球正面：击主球中下击点与击主球中上击点在理论上是同一个道理，但击主球中下击点时产生的旋转方向是向后的，和球杆的运动方向完全相反。这样，击打主球中下击点撞击目标球各部位时，就得到与击打主球中上击点相反的结果。

当球杆击打主球的中下击点撞击目标球的正面时，主球与目标球碰撞后会立即向后退回，这便是前面提到的拉球击法。

6. 击主球中下击点撞目标球侧面：如果球杆击主球的中下击点撞目标球正面以外的部位时，主球运动方向与目标球运动方向之间的分离角将大于直角；击打主球的击点越是靠下，分离角越大。

总结以上诸点，我们可以得出这样的结论：击主球正中击点多用于定球；击主球中上击点多用于跟球；击主球中下击点多用于拉球。

值得注意的是：不管是击打主球的中上点还是击打中下点，如果撞击目标球过薄，主球与目标球撞击后的运动方向都不能产生上述结果。

这是因为，无论是跟球或拉球，在撞击目标球过薄时其效力都会很微弱。特别太薄时跟球和拉球的效力也就全等于零。因此，跟球和拉球击法是有前提的，即必须在撞击目标球一定厚度的条件下去击打主球的中上击点和中下击点。

此外，这里还需补充一点。我们常常听到有人说"打低杆跟球"，也就是认为击打主球的中下击点、撞击目标球的正面后主球能跟着目标球走。正如上面所阐述的，这种说法在理论上是不正确的。

因为，打跟球必须采用高杆，即击打主球的中上点，否则就不可能是跟球。然而在实际击球中有时还真有"低杆跟球"的情况出现，这是为什么？其实只要我们仔细观察一下就会发现：凡是这种情况，主球和目标球之间距离都比较远。两球相距很近时，绝不会出现这种情况。

因为从主球被击出到撞击目标球这一段的路程较长，如果击球者的腕力稍有不足，主球的运动就可能经历三个阶段：开始是向后旋转前进；由于台尼摩擦阻力的作用，接着便是向前滑行，最后是向前旋转行进。

这样，自然就出现了所谓的"低杆跟球"现象。若是手腕力量较强的人来打，就不大会出现这种情况。这是由于手腕力量较强，主球在被低杆击出后到撞击目标球之间的距离内，一直保持着向后旋转的效力。所以，如果你想打远距离拉球的话，就一定要多练习手腕的力量。

台球走位

台球打法和其他球类打法不同，比如足球、篮球、网球和排球等，都是直接把球踢进球门、投入篮框、打过球网等。而台球则是先打白色主球，再由主球把目标球撞进球袋或连续碰撞两个目标球方可得分。

更为重要的是，台球不但要求把球打进球袋或连续撞击两个目标球得分，还必须考虑打进一个球后，主球能停留在理想位置，以便接着打下一个球。如此反复才能连连取得高分，这点正说明台球的绝技就是控制主球的停留位置，也就是人们常说的"走位"。

所以，学打台球首先必须了解用球杆怎样打，打主球各个不同部位，球将会产生什么样的旋转变化。当主球主动撞击被动的目标球后，两个球将要产生什么样的旋转变化和行进去向等。

为了学好台球，一定要弄明白，球的运动状态与球性。不然，对着球胡乱击打，违反击球的科学规律，是很难学好打台球的，也就达不到提高技术水平的目的了。

无旋转的走位

这个时候主要是击球点的选择，目标球所进的袋的选择和力度的控制。白球碰到了目标球以后，会按两球的切线方向反弹。

1. 当目标球离袋口较近的时候，击球点的选择就相应会多一点，你可以利用这一点来走母球的位，看看反弹以后会向哪里走。

2. 同样一个球，你可以进中袋，也可以进底袋，这个时候就应该选择击打以后能走到下一个球位的那个袋口，当然，这样可能会给击球带来一点难度，所以击球一定要准。

3. 击球的力度也是决定白球会最终停在什么地方的一个关键，在选择击球角度的那个下面有一个力度控制，你可以调节它，选择不同的力度，而当你打熟了以后，一般都是手感来控制那个力度的，这个只要多练就可以了。

旋转球的走位

低杆

大家都知道当击球点在中点下面的时候，母球击打到了目标球后会往后退，一般来说，击球点越下，退得就越多。

当然，仅仅这一点是不够的，还得配合上角度。（角度是指球杆与球桌面的夹角），那么加多少角度才合适呢？加了角度以后，母球又会怎么走呢？应该加多大的力度来配合呢？这里就有一个力度的合成和衰减的问题了。

1. 当母球击打的是目标球的正中的时候，若力度的衰减不大，那么角度越大退得就更远；若力度衰减较大，那么旋转的衰减也相应较大，这个时候，就算是加上大角度也会因为旋转的衰减而退不动了。

实战中是这样的：近球加大角度退得较远，远球加角度一般在30度左右退得较远（这里是指的全退加大力而言，若不是全退，那么角度会有相应的变化，击球点越近中点角度相应要调大一点）。

2. 当母球击打的是目标球的侧面的时候，角度是以 45 度为分界的。具体的理论如下：母球击打目标球以后，全退加 45 度角，若无力度的衰减，母球会向两球的中心连线方向反弹；角度小于 45 度，会向母球前进的方向偏出；大于 45 度，会向反方向偏出，击球点偏向中心点越近，偏出就越大，力度衰减越大，向母球前进方向偏出就越大。退的力度会因为击球点的不同而不同的，击球点越薄，反弹的分力越小，退得就自然不远，越厚就越远，当然有力度的衰减相应退得就不够远。

高杆

当击球点在母球的中点上面的时候，母球击打到了目标球以后，会往前跟，击球点越上，跟得就越多。

1. 击打目标球的正中的时候，角度的大小和力度的衰减原理同上，这里不再缀述。

2. 当母球击打的是目标球的侧面的时候，全跟加角度，母球就会向切线的角度方向前进。举个例子：全跟加 30 度，那么母球前进的方向就是和切线的 30 度角。当然这里还得考虑力度的衰减和磨擦力，会有小小的偏差。

3. 若目标球的前方还有一个球挡住，由于那个球的反弹，而你现在又是加的大角度，跟进的速度较快，就会有两次击球的机会，这就是为什么两个相贴的球会在加大角度的情况下两个球都一起进的原因，大家可以在实战中去体会。

偏杆

当击球点在中点的左边或是右边的时候，母球碰到库边会向相应的方向反弹。击球点偏左的时候，碰到库边就会向左边跑；击球点偏右的时候同理由于是碰到库边有个反弹力，再加上偏杆让球产生旋转和库边的产生的磨擦力，这个时候母球走的方向就是两个力的合成的方向，这里同样有个力度的衰减的问题，基本原理同上面的旋转相同。

所以这就是为什么加大角度有时候反而没有加小角度碰到库边反弹的角度大的道理。所以，打偏杆的时候，可以试试加大力再加小角度的偏杆，会有惊人的偏转。

台球击球基本技术要领

低杆技术要领

低杆，击打球的下部，可以把能量完全传输到目标球上，母球先静止，而后旋转往后运行，俗称缩杆。完成低杆的基本要领如下：

1. 发力要迅捷。

2. 注意对球杆的延伸，也就是不要马上抽回球杆，这样会造成发力不充分。

3. 如果后手不稳的话，除非必要不要用手腕的摆动来发力，会影响准度的，应该要多运用小手臂的摆动。

4. 球杆尽量放平，因为斜放球杆的话，出杆击打母球时，会造成有一部分向下的分力，从而导致低杆不强。

5. 出杆前多擦巧克粉，特别是皮头边缘部分，因为正是这部分将要触及到母球的。还有不要使用皮头比先角大几圈

低杆标准动作

的球杆，因为在击打高低杆时会由于先角承受不住皮头接触母球的反作用力从而造成滑杆、脱杆。

6. 瞄球时最远点尽量靠近母球，不要大于 0.5 厘米。首先，这样做会使你准确击打到你想击打的母球某一部位，不会无谓下塞，有利于提高准度。其次，发力会更接近你瞄球时的预期值，做到发力充分。

7. 除非必要（例如远距离拉杆），不要击打母球的最下点，以减小

失误率。对于不同距离的子球，要改变不同的母球击球点。

8. 对于长距离的拉杆，要做到心中有数，因为台尼特别是球的清洁与否，会直接影响到拉杆的效果。

跳球动作要领

球为什么会跳？主要是因为台尼并不完全平滑，基本上母球是轻轻浮在台上运行。在这种状态下都是把母球望下压打的。等压打到底后球是无路可逃就会向相反的方向弹出去。这也是入射角等于反射角的道理，就形成跳球。

打跳球，对球杆角度的要求很高。高手打跳球，球杆是以完美的垂直角度垂直于球台而且可以轻易的瞄准到母球正中央。而且，他们所能看到球的范围就像是一般击球时所能看到的视野相同（包含子球和母球）。如果以一般握杆法跳球时候，在球杆角度越高越可以发现是越困难做到这一点的。

打跳球的站立姿势也很重要。姿势是可以保持自然放松，经常需要抬高后脚跟。当然，最基本的姿势还是要在练习中找到适合自己最舒服感觉为好。

瞄准时，先将球杆保持水平，人体向后退看仔细球路后再定位，这是将球杆垂直拉起形成架杆姿势。

击球时，注意力放在母球击球点上直到球杆击处为止，不要把注意力放在目标球上，偏左偏右后容易失杆，打最下方会造成二次撞击犯规，打太上方会被卡住球不会跳起，一定要打在中央。

总之，打跳球原则是：第一要像在射飞镖一样的轻松感觉，第二要容许撞击母球后球杆震出母球直径外，这样就是正确的。

中杆技术要领

从表面看中杆技术很容易被认为是击打主球中心部位，其实中杆技术并不仅仅如此。理解中杆技术要从主球的运行状态出发，首先说明中杆技术使主球产生的效果：

1. 直线球情况：主球与目标球在一条直线运行的情况下，运用中杆技术击打目标球，主球会在撞击目标球后停止运动。

2. 非直线球情况：主球与目标球撞击后不在同一直线运行的情况下，运用中杆技术击打目标球，撞击后主球的运行方向与目标球的运行方向成90度。

主球会有上述的效果，是因为主球在撞击目标球时自身没有任何旋转，由此可见，中杆技术的目的是击打出撞击目标球时不旋转或基本不旋转的主球。

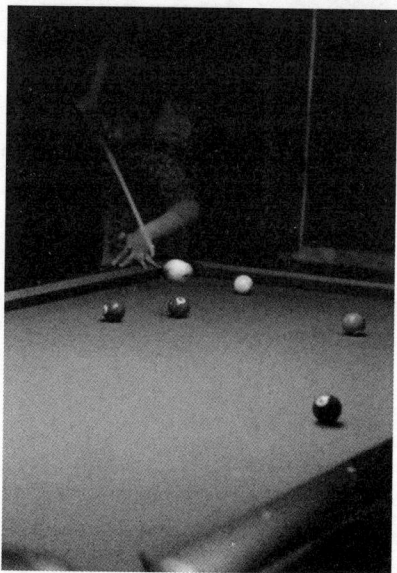

跳球瞬间

中杆球技术的击打要从上述原理出发，通过控制击球点和击球力度来掌握中杆技术，大致有两种情况：

第一种情况是击打主球的中心部位，使主球在运行过程中一直不产生任何旋转。主球距离目标球越远越需要增加击球力度来保持主球不旋转。

第二种情况是击打主球的中心偏下部位，使主球在运行过程中从反向旋转过渡到不旋转时撞击目标球。主球距离目标球越近越要减小击球力量。

高杆技术要领

高杆技术可以使主球产生与运行方向相同的旋转。主球带有这样的正向旋转与目标球撞击后的效果如下：

1. 直线球情况：主球与目标球在一条直线运行的情况下，运用高杆技术击打目标球，主球与目标球撞击后会继续向前运动。

2. 非直线球情况：主球与目标球撞击后不在同一直线运行的情况

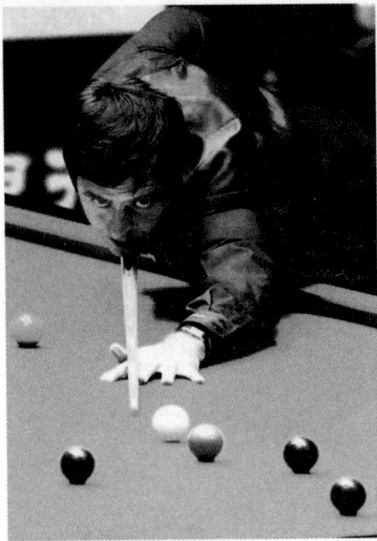

中杆标准动作

下，运用高杆技术击打目标球，撞击后主球的运行方向与目标球的运行方向夹角小于 90 度。

控制主球的旋转速度是高杆技术的关键，旋转速度越快的高杆球在直线情况下跟进速度越快；在非直线情况下夹角会越小。反之，旋转越小越接近中杆球。

运用高杆技术一般情况下是击打主球中心点以上的部位。球杆与台面角度不变用同等力度击打高杆球时，选择的击球点越高旋转越强；越靠近中心点旋转越弱；击打同一点，力量越大旋转越强。

应当注意的是，运用高杆技术时，一般情况下不要让球杆和台面产生角度。

弧线球技术要领

在主球侧旋转非常强烈的时候，旋转速度很快，使得主球与台面的摩擦力很大，主球的偏移非常的明显，在台面上运出一道非常明显的弧线，这种现象构成了主球的弧线球击打方法，这种弧线球可以使主球饶过障碍球击打到目标球。

弧线球技术根据弧度强弱可分为两种：

第一，主球距离障碍球较远，绕过障碍球的弧线弧度不大。这种情况只要球杆与台面形成 30 度左右的角度，击打主球左右侧就可以了。弧线的强弱与球杆和台面角度相关，同一击球点角度越大弧度越大，同一角度击球点越靠两侧弧度越大。

第二，主球距离障碍球非常近，想绕过障碍球需要在短距离内，运行一个很大弧度。这种情况击打难度很大，比赛中不太实用，多在表演中出现，但也是一项很重要的技术，对手感的练习有很大帮助。

击打这种球球杆几乎与台面垂直，戳击主球使之产生强烈的侧旋，才能运行一个很大的弧度。注意这种击打方法对球杆、球台的磨损很严重，如不得要领还很可能立刻损坏球台。

送球入袋的方法和练习

送球入袋是一项最基本的实用球技练习方法。研究如何将目标球送入球袋，并如何做好送球入袋的练习，是非常重要的课题。其基本练习方法有：垂直袋口直线球、斜对袋口直线球、非直线球、弧线球、倒顶球、反弹球、金三角和借力球等。

垂直袋口直线球

垂直袋口直线球就是主球、目标球和袋口三者形成一条直线，而且与袋口半圆弧顶点的切线垂直。垂直袋口直线球是最基本的送球入袋方法，这种送球方法练习好了，可以为其他角度送球打下良好的基础。

在进行练习时，将主球、目标球垂直袋口摆成直线，反复进行将目标球送入球袋的练习。练习时目标球与袋口的距离要由近而远，主球与目标球之间的距离要由短而长。

下面是具体的练习方法：

短距离近袋球

将目标球放在袋口，然后将主球摆在与袋口和目标球三点形成的直线上，主球和目标球之间距离以 50 厘米内为宜。击球时先用中杆将主球送入球袋，待能做到百发百中后，再试着下偏杆将目标球送入球袋。

短距离远袋球

练习时，将目标球放在距离袋口 50 厘米以上的地方，然后将主球

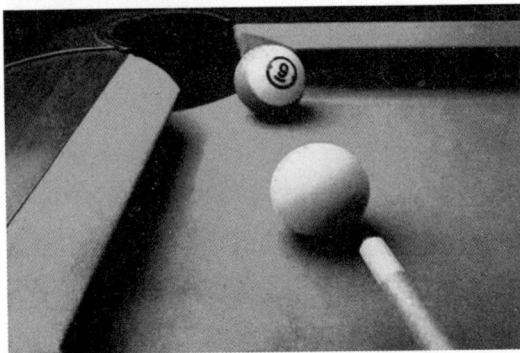

短距离近袋球

放在和目标球相距较近的地方（以 50 厘米以内为宜），并使袋口、目标球和主球在一条直线上。

同样，击球时先用中杆将球送入球袋，做到百发百中之后，调节目标球和袋口间的距离，使之逐步增大，进行练习。

练习好了之后，可以试着用偏杆、高杆和低杆等不同杆法击球。要做到无论怎样击球都可以准确将目标球送入球袋，这个练习就算合格了。

长距离近袋球

长距离近袋球是将目标球放在袋口附近，主球放在与目标球距离较远的地方，并使主球、目标球和袋口在同一直线上。

这种练习相比前两种练习方法，就稍微有些困难了。这是因为主球与目标球之间的距离越长，瞄准点就不容易准确，如果出杆不稳或用力不当，造成姿势变形就很难将目标球击入球袋，因此做这个练习时对握杆和击球姿势的正确及瞄准点的准确度都要求很高。

做此项练习要注意：由于主球和目标球之间距离很长，很难打出定位球，主球很容易与目标球同落，因此练习时可以用左（右）偏杆或中低杆击球。

长距离远袋球

长距离远袋球是将目标球放在距离袋口较远的位置上，主球放在与目标球相距较远的地方，并使主球与目标球、袋口在一条直线上。

这种练习比上边三种练习都困难，因而对运动员的击球姿势、握杆和瞄准的要求更高。

斜对袋口直线球

斜对袋口直线球，就是主球、目标球和袋口三者虽然在一条直线上，但是球的线路和袋口半圆弧顶点的切线斜交。这样，相比垂直袋口直线球，其袋口相对宽度变窄了，送球入袋的难度增大。

而且，当球的线路与袋口切线夹角越大，袋口相对宽度就越窄，松球入袋越加困难。由于角袋或顶袋相邻两个岸边形成90度直角，袋口垂直线与相邻两岸之间的夹角均为45度，因此在任何角度上都可以将目标球送入袋内。

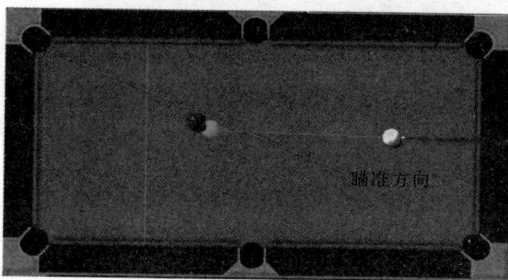

斜对袋口直线球

中袋则不然，只要球的线路与袋口切线夹角超过一定限度，袋口的相对宽度小于球的直径，就不能将目标球送入袋内。由此可见，斜对袋口直线球练习要比垂直袋口直线球练习难度加大。

进行练习时，可以先从小夹角练起，逐渐增大斜度，先易后难，循序渐进。也可以结合垂直袋口直线球的练习方法，进行短距离近、远袋球和长距离近、远袋球的练习。

做斜对袋口直线球练习时，为了防止主球和目标球同落，应当注意击球点和杆法运用。另外，夹角越大，袋口的相对宽度变窄，击球的力量就要越轻，否则容易被边角弹出，使球不能落袋。尤其是当主球与目标球紧贴岸边时，只要轻轻将主球击出，并运用偏杆，这时目标球被有旋转的主球撞击后，就会像只旋转的齿轮一样，产生与主球相反的旋转，并沿岸边前进。

当被送到角袋的袋口时，由于有自身的旋转，自然也就转入袋中。若这种球不采用偏杆而使用中杆，很显然，目标球就会碰到台边后被反弹回来，也就不容易入袋了。这种球的击法是：把球杆杆头对准主球的左侧，即用左偏杆击球，击球时不宜用力过大。

贴边球练习

在大夹角的情况下，也可以使瞄准线稍微偏向袋口外角（离球远的角），当目标球碰到袋口外角的内沿，也可以被磕入袋内。这时如果目标球如果碰到袋口内角（离球近的角），一定会被弹出，不能落袋。

击打贴边球

非直线球练习

非直线球就是主球中心点、目标球中心点和球袋中心三者不在一条直线上。击球前，用测距瞄准器将目标球球位和主球球位，根据要求的 30 度角，用粉笔点在台面上，进行瞄准击球，瞄准点的位置恰好与目标球边缘相切，所以瞄准比较容易。

练习 40 度角偏角球时，瞄准点的点位超出了目标球的半径，因此瞄准距离便大于球的半径（由目标球的中心，到瞄准点的瞄准距离）。看来这么大的数据，不但难以记忆，而且在打球时，用这么长的长度去瞄准，也非常不便。因此，凡偏角大于 30 度时，就把瞄测的起点，由目标球的中心点都移到目标球中心点与球袋中心点连线与球边缘的相交点，也就是 30 度的瞄准点在目标球的边缘上，凡偏角小于 30 度的瞄准点都在目标球的半径之内，偏角大于 30 度的瞄准点距离，都以这个相交点为起点计算。40 度偏角球的瞄准点距离该连线则为 8 毫米。

练习完近距离，再接着以同样方法，进行远距离练习。

弧线球

弧线球就是采用"扎杆"技术，使主球呈弧线运动而击中目标球。先将球杆摆平，然后将球杆立起与台面约 30 度（平杆方式也可以，球杆稍微立起一些），以左高杆撞击主球。这样，被击出的主球就会产生明显的曲线，绕过障碍球击中目标球。

弧线球是救出障碍球的一种方法，在实战中很有用处。弧线球是一种比较困难的击球方法，初学者是很难打出来的。因此，练好基本功，技术水平提高之后，再打弧线球就会容易多了。

倒顶球

倒顶球是使主球先碰岸边弹回，再将袋口附近的目标球击落袋内。倒顶球是利用入射角等于反射角的原理，来确定主球碰撞岸边的瞄准点。又分为横向倒顶球和纵向倒顶球两种。横向倒顶球是以右岸或左岸岸边为瞄准点，纵向倒顶球是以顶岸或底岸岸边为瞄准点。

倒顶球的成功率也与折返角度大小有关，角度越大，分寸越难把握。无论是横向倒顶球或纵向倒顶球，只要主球和目标球连线与岸边平行时，就可以按照等腰三角形原理，比较容易确定岸边的瞄准点。只要是中杆击球、力度适当、瞄准精确，一般来说，成功率较高。

采用倒顶球，虽然不能保证每次都将目标球击落，但是也能将目标球碰离袋口附近，不给对方留下得分机会。

不过，倒顶球也很有可能找不好角度，造成主球撞击不到目标球，而是与其他非活球相碰，就要面临罚分。因此这个练习必须耐心，直到能准确地打好每一杆，使每一杆都找着目标球，而且要尽可能使其落袋。

反弹球

反弹球是主球撞击目标球后，使目标球碰岸弹回，落入袋中。当运用其他打法都不能将目标球击入袋内时，可采用反弹球的方法。这种打法是按照入射角等于反射角的原理进行的。大体上可分成直线反弹球和非直线反弹球两种，下面分别予以介绍。

直线反弹球

直线反弹球就是主球与目标球及碰岸点是一条直线。当主球沿直线撞击目标球时，由于入射角等于反射角，因此目标球碰岸弹回后，可以落入对岸袋内。

练习直线反弹球，可以先进行横向小角度反弹中袋，横向小角度反弹角袋和纵向小角度反弹角袋的练习。小角度是指目标球反弹前运动轨迹和反弹后运动轨迹之间的夹角比较小。

然后再进行大角度反弹角袋的练习。这种方法由于目标球距离入袋袋口甚远，难以进行准确的计算，成功率较低，通常是在没有其他方法可想时，才采用这种方法。

在进行直线反弹球练习时，要注意不要使用中高杆击球，以免主球沿着目标球的轨迹跟进，发生自落或同落违规。通常采用中杆、低杆或偏杆击球。

非直线反弹球

非直线反弹球就是主球、目标球和碰岸点不在同一条直线上。这就要求主球撞击目标球的厚薄程度必须掌握好，使目标球碰岸前后的运动轨迹，恰好入射角等于反射角，从而碰岸反弹后，目标球落入对岸球袋中。

非直线反弹球可以先进行横向小角度反弹中袋和角袋，纵向小角度反弹角袋的练习。然后进行片薄球反弹中袋练习。当主球与目标球所处相对位置，无法将目标球直接送入袋内，可以采用片薄球使目标球撞岸后，反弹落入对岸中袋。

由此可见，非直线反弹球要比直线反弹球困难多了，必须反复练习，不厌其烦，才能真正掌握这种球路。在比赛中，运用这种打法常常可以在没有希望进球的时候，绝处逢生。

在进行以上练习时，要注意两点：第一，采用小角度反弹中袋练习时，尽量做到一次反弹就使目标球落袋，即便没有落袋，也会被对岸袋口的边角弹回，离开袋口附近。

第二，在采用小角度反弹中袋或角袋时，折射的角度不宜过小，否则，目标球反弹回来，又与主球相撞，改变了运动轨迹，从而不能落袋，出现失误。

"金三角"

"金三角"又可称为多边反弹球。就是主球撞击目标球后，使目标球斜线反弹数次后，再落入袋内。多边反弹球既可以反弹中袋也可反弹角袋。

多边反弹球击球方法，虽然有其自己的规律性，但是由于每次击球力度、厚薄程度和主球与目标球的相对位置不同，从而使目标球的运动轨迹发生不同的变化，这需要在练习中不断体会，才能掌握到其中规律。

这种打法尤其在双方争夺黑色球时，用处非常大。当黑色球处于岸边不利位置时，击球运动员使用这种方法，仍有可能将其击落袋内。击球时，一定要注意采用中杆或低杆，防止主球岸目标球运动轨迹跟进自落。并且，即便黑色球没入袋，主球将停留在黑色球原来的位置上，不给对方留下有利的击球机会。

组合球的组合与击打

所谓组合球的击打，是指球手根据台面球势，将3个或3个以上的己方球，按一定顺序组合起来，在一次击球权之内，连续击球落袋的打法。

这种球的击打，属于进攻范畴。打好组合球，成组击球落袋，自然会使进攻的效率大大提高，是为胜局奠定坚实基础之举。

组合球的成功击打，和台面球的分布有关，尤其是还和运动员的击球技能关系重大。台面球势好，便给球手连续击球落袋，打好组合球，提供了有利条件。球手打完了第一个球，还可以顺理成章地击打第二、第三个，以至更多个球落袋。只要具备一定击球技能的球手，都能够做到成组击打。

这种球势在台面上出现的几率不是很大。在大多数情况下，是在台面球分布散乱或聚成大堆的局势下，由球手凭借击球技术和击球能力，把一些分布不那么规则的球，强行组合起来击打。

组合球的组合，大体上可以分为自然组合和强行组合两种。自然组合，可以说是以球定组合，即台面球自然形成 3 个或 3 个以上可以连续击打的球势；强行组合，是球手凭借自己的击球技术和击球能力，将 3 个或 3 个以上不容易连续击打的球，组合起来使它们变成易于击球落袋的一组球。

自然组合球的击打

自然组合球，由于台面球的分布已经自然形成了可以连续击打的态势，所以击打起来比较容易。一般来说，只要掌握好母球的走位，便可以做到成组击球落袋。

通过实践就会明白，合理安排组合球的击打顺序和击球方法，对于打好组合球具有举足轻重的意义。所以，要求球手在击打每一个组合球组之前，必须有一个周密策划，精心安排击打顺序和击球方法的过程，以保证顺利完成组合球击打质量。

强行组合球的击打

所谓强行组合球的组合与击打，是说，凭借着球手的组合能力和击打技术，把一些难度较大的球组合起来，连续击打。

组合能力，包括球手的观察能力和组织能力；击打技术，包括球手的击球技术素养和现场击球能力。

强行组合球的球势不像自然组合的球势那样明显，也可以说是很隐蔽的，但也是客观存在的。这就要求球手要用敏锐的观察能力去发现、去组织；用足够的击球技术和击打能力来组合和击打。

强行组合球的击打，比自然组合球的击打的难度要大，技术含量高。球手要根据台面上的球势及其变化，采取相应的一些打法和击球技术，机动灵活地去实现组合与击打。

强行组合球的击打过程中，除了注意与自然组合球的击打相结合外，还要注意与其他特殊球打法以及踢球、炸球等各种打法结合起来，进行组合和击打。

当然，由于台球的复杂性和多变性，决定了组合球的组合与击打的机动性。因此，组合与击打的方法应该是丰富多彩的。根据台面球势实际情况，球手应当见机行事，因势利导，灵活机动地采取多种相应方法打好组合球。

把握每盘比赛的节奏

在斯诺克比赛中应正确处理好开局、中盘和尾局三者之间的关系。一盘比赛大致分为三个阶段，前 10 个红球为开局阶段，后 5 个红球为中盘阶段，6 个彩球为尾局阶段。

开局阶段，每个击球者要慎重处理好每一击球，沉着冷静，尽量争取比分上的优势，不失去每个击球入袋的机会，在比分上占有较大的优势，不但掌握了主动权，而且能给对方造成较大的心理压力。

因而，开局阶段处理得当，可以为全盘胜利奠定坚实的基础。如果不能在比分上占据优势，这时也不要心慌，不必紧张，要稳定情绪，放手大胆地处理好每一击球，不能失去进球的机会，该进的球一定要进，尽量咬紧对方的比分。

中盘阶段是胜利的关键。这个阶段往往双方争夺比较激烈。这个阶段的原则是：尽最大力量争分。如果一方比对手领先许多，这方球员一旦有进红球的机会，就不要轻易放过，因为这时每击进一个红球，台面上就少了一个红球，对方也就减少了一次扳回比分的机会。

如果一方比分处于劣势，又没有击进高分值彩球的机会时，可以先不忙于进球，应当利用一切机会给对方多做斯诺克（障碍球），借对手罚分扳回比分。这也正是斯诺克台球的魅力所在！

尾局阶段是最后决胜阶段。这个阶段的原则是：在有绝对争分把握的情况下争分，否则应尽量做成斯诺克，或将主球和活球的距离尽量拉大，不给对手得分机会。

台球实用技巧练习

直线球练习

练习走直线，是进行正确击球姿势和握杆方法的基本训练，同时又是检查运动员出杆是否平稳的一种方法，以达到准确的掌握击球点、瞄准点和击球力度的目的。

横向空岸练习

首先应该进行横空岸练习。横向空岸练习，就是将主球放在黄色球位置点上，沿横向向左岸岸边瞄准，用中高杆击打主球，击球后要使球杆保持击球瞬间的姿势不动，主球沿横向前进，碰岸弹回沿横向返回原位，如果回球正好碰到球杆的杆头，说明出杆直，出杆稳，击球姿势、握杆姿势及击球点和瞄准点正确，符合要求。

如果主球被击出后，由岸边弹回偏离横向运动，说明击球姿势和握杆方法不正确，或者是瞄准点和击球点偏向一边。只有反复练习，细心体会，才能做到百发百中。

然后将三个（或更多）球沿球台摆成一条直线，中间为主球。开始练的时候，三个球的间距可以大一些，但最好不要超过一个球的直径，然后用中高杆将主球击出，如果主球碰岸后弹回正好从两个球间穿过而没有碰到球，则说明击球动作及瞄准点、击球点正确。然后将三个球的间距逐步缩小进行练习，直到最后两个球中间只允许一个球通过而基本没有空隙，这时击出主球，主球碰岸后返回，如果正好从两球中间穿过而不碰它们，这个练习就算做好了。

纵向空岸练习

纵向空岸练习，就是将主球放在棕色球位置点上，通过蓝色球、粉色球和黑色球位置点瞄准顶岸，用中高杆击打主球，击球后要使球杆保持击球瞬间的姿势不动，主球沿纵向前进，碰岸弹回沿纵向返回

横向练习

原位，如果回球正好碰到球杆的杆头，说明出杆直，出杆稳，击球姿势、握杆姿势及击球点和瞄准点正确。纵向空岸练习比横向空岸练习距离长一倍，因而难度较大，如果能够做到每击必成，万无一失，这个练习就算完成了。

然后将三个球沿球台横向摆成一条直线，这条直线要尽量靠近开球区，中间为主球。与横向练习相同，开始练的时候，三个球的间距可以大一些，但最好不要超过一个球的直径，然后用中高杆将主球击出，如果主球碰岸后弹回正好从两个球间穿过而没有碰到球，则说明击球动作及瞄准点、击球点正确。

然后将三个球的间距逐步缩小进行练习，直到最后两个球中间只允许一个球通过而基本没有空隙，这时击出主球，主球碰岸后返回，如果正好从两球中间穿过而不碰它们，这个练习就算做好了。

击球直线练习

初学打台球的人，因为开始不知道该用多大力量，都担心打不进去球，所以在操杆时往往用大力和猛劲，认为这样才可靠，殊不知这样猛打和打排球不一样，即使击球姿势、握杆和手架都正确，由于用力过猛，身体必然要受到扭动，破坏了整个架势的协调稳定，根本不可能做到平稳出杆击球，更谈不上准确性了。

因此，练好直线球的同时还应该练习击球力量的运用，即力度的掌握，这样才是一项完整的击球练习。当然，这个很难用几句话说清楚，必须有足够的思想准备，肯下功夫，有的放矢，抱着不达目的不罢休的决心和毅力，坚持练习，才能够练好。

空袋送球

将4只球摆在黄、绿、棕色球的连线上，其中一只球摆在黄球点位上，一只球摆在绿球点位上，另外两只球摆在黄绿连线间的三等分两点上，然后从右到左依次用中杆往右中袋、右顶袋、左顶袋、左中袋里送球，如果能保证百发百中，这个练习就算达标了。

顶袋送球

这种练习方法是在两顶袋袋口各摆一只球，这只球的摆位应当是仅能恰好使一只球落袋而不碰这只球，将主球摆在黄色和绿色球位上（当然也可以摆在其他地方），将黄色球位上的主球用中杆击出，如果能够落左袋而不碰袋口的球，练习就算通过了。同样，将绿色球位上的主球用中杆击出，如果能够落右袋而不碰袋口的球，练习就算通过了。做这个练习也可以将黄色球点位上的主球击入右顶袋，绿色球点位上的主球击入左顶袋。

当然，练习直线球的方法还有很多，球手可以在实践中领悟。

基本击球法的应用与练习

掌握了主球击点及其作用，再结合运用击球时臂力和腕力的变化，就可以打出跟进球、定位球、缩杆球和推进球。在比赛时，根据不同情况，选用不同的击球方法，以便在击落第一个目标球后，主球走位到有利击落第二个目标球的位置，或者给对方制造障碍球。下面分别介绍这几种击球方法。

跟进球

跟进球就是用球杆击打主球的中上点、左上点或右上点，即采用中高杆、左高杆或右高杆。主球分别向正前方、左前方或右前方跟进。

在击球时，要运用前臂的力量，同时抖动腕部，使主球与目标球相撞的瞬间，主球将前进的力传递给目标球，目标球开始向前运动，而主球则较为明显地在原地停顿一下，然后靠自身上旋转的力量，迅速向前跟进，并且前进的距离较长。

为了准确地掌握不同的跟进距离，可在前进路线的一侧不同距离处，摆上四五个球作标志，由近及远，循序渐进地练习，当做到跟进的距离能按自己的意愿实现，此练习就算合格了。

这种击球方法，通常是在要求主球跟进距离较大或碰岸后，停留在为下一击创造有利机会或给对方制造障碍球时运用。

定位球

定位球就是用球杆击打主球的中点，即在击球时，采用中杆击球，靠腕部抖动的力量，使主球与目标球相撞，两球相撞之后，主球将前进的力量传给目标球，使其前进，由于主球失去了旋转力量，停在原地不动。

打出定位球并不困难，只要在击球时运用腕部的抖动力量就行，否则便会成了推进球！另外，当主球与目标球距离太远时，很难打出定位球。这种击球方法，不但能为下一击创造有利条件或给对方制造障碍球，而且当目标球在袋口附近，主球、目标球和袋口三者在一条直线上，将目标球击落袋内，主球仍停留在相撞的位置，可避免同落犯规。

缩杆球

这种击球方法比较困难。缩杆球主要靠腕部的抖动的力量，腕子要活，击球时采用低杆，用前臂向前运动，当球杆杆头快要接触主球时，猛然向前抖动腕部，当杆头与主球接触的瞬间，出现球杆插进主球的感觉。

主球和目标球相撞之后，将自身前进的力量传递给目标球，使其向前运动，而主球自身则较为明显地停顿一下，然后靠自身存在的逆旋力量，向后滚动。腕部抖动的频率一定要快，而且越快后退的距离越远。

为了准确掌握不同的后退距离，可在后退线路的一侧不同距离处，摆上4到5个球作标志，由近及远，循序渐进地进行练习。当能够做到每杆都能按照自己意愿将主球缩回到不同的距离后，这个练习就算合格了。一般来说，主球和目标球之间的距离短，比较容易打出缩杆球。如果距离太远，就很难了。

掌握了缩杆球的打法，球路就变得宽多了，利用左下点、中下点或右下点分别可以向主球后方移动，它能为下一击创造有利条件，并且能给对方制造障碍球。

推进球

推进球是用球杆击打主球的中点、中左点、中右点，即在击球时采用中杆击球。击球时，主要靠前臂前后运动并带动腕部，将球杆推出。主球与目标球相撞后，只是缓慢跟进，而且前进距离不大。这种击球方法，是当主球跟进距离不大而能为下一杆创造条件或做障碍球时使用。

双用球

双用球即同样一个击点能起到两种作用。用球杆击打主球中点偏下方，中下点偏上方的击点。用大力击打主球时，与目标球相撞后，目标球被撞前进，主球失去动力而原地不动，成了定位球。

如果用小力同样击打主球，当与目标球相撞后，目标球前进，主球则缓慢跟进不大一段距离而停住，形成了推进球。说明虽然同是一个击点，由于击球力度不同，击球效果也不一样。

旋转球

为了体会各种旋转球的性能，首先采用空岸练习。将主球摆在黄色球位置点上，沿棕色球和绿色球位置点向空岸瞄准，用中杆、中高杆和中低杆击打主球，它会直线弹回，由于产生上旋和逆旋的缘故，各自弹回的速度和距离不同。

如果仍按原来的瞄向瞄准，再使用右高杆、右中杆和右低杆击打主球，那么情况就大不一样了，它碰岸弹回不是做直线运动，而是靠自身向右旋转的力量，偏离右侧运动。当击球力度相同，使用右高杆击打主球，碰岸弹回后，向右偏离的角度较小；而使用右低杆击打主球，向右旋转力较强，碰岸弹回后，向右偏离角较大。使用左偏杆击打主球的道理相同，作用相反。

如何制造和解救障碍球

斯诺克在英文中的意思是"障碍"和"阻挡"，在台球中也就叫做障碍球。在比赛中，巧妙地制造障碍球往往可以转败为胜，因而，制造和解救障碍球也是斯诺克台球比赛的重要战术手段，也是决定比赛胜负的关键。

如何制造障碍球

在台球比赛中，当自己没有得分机会时，首先要想到的应该是如何给对方制造斯诺克。制造斯诺克的战术意识应该贯穿整个比赛。当给对方做成障碍球后，如果对方解救失误，则可垂手得分，获得事半功倍的效果。

另外，对方救球失误，主球停止后又做成死球，己方也可按自由球处理，直接送球得分。对方救球时，如果击中目标球，但由于是在极不利的情况下击球，难以控制主球的运动方向，很容易留下得分机会。此时，己方可抓住时机，连续得分，并在心理上同样给对方造成障碍，使其气势受挫。

那么，选择什么样的时机有意识给对方制造障碍球呢？通常是当己方比分落后，而且在一杆内将台面上的剩球全部击落，比分仍然落后的情况下，要千方百计给对方制造障碍球，使对方受罚缩小比分差距。

有一点必须注意，即便目标球在袋口附近，此时也应放弃得分机会，因为台面上剩球越少，越不利于制造斯诺克。

还有一种情况，虽然有得分机会，但分值低于 4 分，而且没有连续得分的机会，此时，就应制造障碍球。还有时虽然有机会得分，但击落目标球的难度很大，此时可专心直接制造障碍球，不可一面争取击落目标球，一面制造障碍球，以免失误给对方留下机会。

制造障碍球的方法很多，最典型的有如下 5 种方法：直线反弹；斜线反弹；薄球拉开；推进贴球和低杆后退等。

直线反弹制造障碍

此种方法是经常采用的，而且也最容易奏效。具体作法是，当目标球在端岸附近，用大力度直线击球，撞击目标球整球或厚球，使目标球碰岸反弹至对岸附近。如果目标球距离端岸较近或贴在岸边，可用中杆击球，使主球停在原地不动。

如果目标球与端岸还有一段距离，可用中高杆击球，使主球跟进岸边附近。但总的原则是，击球后，要使主球与目标球之间被一个或数个非活球隔开，做成死球，以达到对方罚分或无进球机会的目的。

斜线反弹制造障碍

当目标球贴在侧岸或其附近时，通常采用斜线反弹，以达到使主球和目标球分开的目的。具体击球方法是，用左（或右）杆中等力度，撞击目标球左（或右）半部，使目标球经侧岸反弹至底（或顶）袋附近，主球也经侧岸反弹至顶（或底）袋附近。主球与目标球是以两条斜线向两侧分开，做成障碍球。注意一点，采用斜线反弹要防止主球自落。

薄球拉开制造障碍

当主球与目标球距离较近，要采用高杆击打薄球，使主球与目标球拉开距离，不给对方得分机会。同样，采用这种击球方法，也可以制造障碍球。

切薄球拉开有时需要反杆，以便主球碰岸后，斜线向前运动。所谓反偏杆，即击打主球右（左）侧，撞击目标球左（右）侧。所谓顺杆，即击打主球右（左）侧，撞击目标球右（左）侧。

推进贴球制造障碍

推进贴球分为两种情况。一种是用推进球的击球方法，使目标球向前运动后，将主球推进至前方非活球的后面，做成死球。

另一种方法是，当运动员击落一个红球而又没有连续得分的机会时，就要想办法制造障碍球。具体做法是，指定附近彩球，但不将其击落，而是用轻力度将主球推向它，以能触及为限，紧贴其后，做成死球。

推进贴球成功的关键在于击球力度的掌握，主球与非活球靠得越近越好，若两球能够相贴，往往能使对方无法解救。

低杆后退制造障碍

低杆后退也是制造障碍球的常用方法。具体做法是，用中低杆或右（左）低杆击打主球，当主球与目标球碰撞后，目标球向前运动，而主球靠自身逆旋后退至非活球后面，做成死球。

如何解救障碍球

既然每个球员都想尽办法给对方制造障碍球，那么自己也就会遇到对方做成障碍球的同样情况。而当对方给自己做成障碍球时，要沉着冷静，认真分析球势，权衡利弊之后，做出最佳的解救方案。

当认为已无解救的可能，或者目标球分值较低，解救球时有碰撞高分球的可能时，要尽量选择避免误击高分值球的路线，并且使主球在没有撞击到目标球的情况下，停止在能够击打到目标球的位置，防止连续被罚分。

解救障碍球的基本方法有三种，一种是弧线球，一种是空岸反弹球，还有一种是袋角反弹球。

弧线救球

弧线救球类似足球的香蕉球，就是将主球击出后，沿着一条弧线的运动轨迹，绕过前方阻挡的非活球，撞击前面的目标球。

弧线球的具体打法时，将球杆杆尾抬高，杆头放低，使球杆与台面形成较大的夹角，自下而上，用力斜戳主球的右或左上方。若想从非活球右边绕过则用偏左杆，反之，用偏右杆，瞄准点只要错过前方非活球就可以了。这种方法只有在主球距离岸边不远（因为远了无法下杆），而非活球与目标球之间距离不能太近（太近弧线容易超过目标球）的情况下，才能使用此种方法。

空岸反弹救球

空岸反弹球也是常用的一种救球方法，其原理和倒顶球一样，不同之处在于倒顶球的最终目的是将目标球击落袋内，而空岸反弹救球的目的是解救障碍球，只要击中目标球即可。并且，目标球距离反弹岸边越近，主球反弹前后两条运动轨迹的夹角越小，救球成功率就越高。

在通常情况下，采用空岸反弹救球时，为了使主球保持入射角等于反射角，应该采取轻力度、中杆或中高杆击球。如果反弹岸边的正常瞄准点被非活球阻挡，就要修正瞄准点，用偏杆击球，打出旋转球来补救。

有时，主球离非活球太近，一次空岸反弹不能击中目标球，也可多次碰岸后再击中目标球，但往往命中把握不大，一旦打出多边岸反弹救球的球路来是非常漂亮的，但要掌握好各种反弹角的路线和力度就要思路开阔，百练不厌。

袋角反弹救球

袋角反弹救球是一种非常巧妙的救球方法。它分为角袋袋角反弹和中袋袋角反弹救球两种。角袋袋角反弹球是主球、角袋和目标球形成一个直角，瞄视线已被非活球阻挡并且使用空岸反弹球的线路也被非活球阻挡，此时，只能用这种方法解救。具体方法是，大力撞击主球，使其先碰撞袋口外角，反弹至内角，被弹出后沿另一岸边前进，直至击中目标球。

当目标球在中袋袋口附近，被非活球阻挡，并且无法用空岸反弹球解救时，要采用中袋袋角反弹球解救。

以上几种解救障碍球的方法，类似光学上的三棱镜的光反射，只要刻苦练习，很好地熟悉袋角的反弹特性，就会很容易地打出来。

如何避免犯规和违例

斯诺克台球的比赛规则相当严格，对犯规行为都要处以罚分，多则罚7分，少则罚4分。因此，运动员在比赛中如果犯规、违例过多，最终也会导致比赛失败。为此，把如何避免犯规和违例的问题，作为一项重要的战术问题来研究是十分必要的。

防止滑杆、推杆和空杆

所谓滑杆，就是由于杆头太光滑，球杆的冲击力没能正确击中主球的理想部位而滑脱。为防止出现滑杆，要用锉或砂纸将球杆皮头打毛，在比赛中，经常用巧克粉擦抹皮头，这样可以增加摩擦力，防止击球时滑杆。

所谓推杆，就是击球时球杆和主球一齐推着被打球，或者杆头与本球相贴而同时向前移动。当主球与被打球相距很近时，很容易发生推杆违例。正确的应对措施是，如果主球与目标球相贴，必须向反方向或90度开外击球，此时被贴球不能有丝毫移动，否则算犯规。

如果两球相距小于一个球的直径时，必须打极薄球或用扎杆技巧击球，这样做才能避免推杆。若两球相距一至两个球直径，要采用低杆击球，就可避免推杆。

所谓空杆，顾名思义即没有击中目标球。防止空杆最根本的措施是要准确瞄准目标球，当主球贴边又与目标球相距很远时极易发生空杆，正确的措施是采用中高杆，击球力度不宜过大，瞄准目标球的整个球体，这样做一般不会空杆。

此外还应避免用极薄球击打远距离的目标球，尤其目标球是低分值球。还有一点要注意，击球时不能贪图省事，该使用架杆时一定要使用架杆，否则空杆被罚，得不偿失。

防止同落和自落

自落与同落在比赛中时有发生。当用一定的力度、杆法以及薄厚程度击球，主球和目标球相撞后，分离角使主球运动轨迹指向袋口时，就有自落和同落的危险可能。

为避免此等情况发生，可采用下面三种方法：

1. 改变击球力度。

2. 改变击球薄厚程度。

3. 改变旋转方向。

当主球与目标球碰撞后，也可能发生主球碰岸反弹自落的情况。为避免主球自落，运动员在击球前可根据反弹的原理进行判断，此时，只要改变击球力度或击球点，就可避免自落。

防止同击和误击

同击和误击常常是由于判断错误而发生的。当目标球附近或目标球与主球之间有非活球存在时，运动员在击球前一定要仔细观察、判断。

当主球欲将目标球击落袋内，若同时要撞击非活球，或先击非活球后，方可击到目标球时，则应放弃击打目标球的打算。这样可防止发生同击和误击。

斯诺克台球战术运用模式

进攻性技术运用模式

相对进攻战术模式运用

所谓相对进攻技术是指在比赛进攻时，由于主球与目标球的距离较远，在进球的可能性不大时，所采用的攻守兼备的进攻战术。最典型的相对进攻性技术运用，体现在开球后的双方积极防御中制造尽可能大的下球机会上。

当主球球位比较好，又能看到目标球的下球点时，可以主动出击，撞击目标球入袋，开始发起进攻。

如果目标球未被击落袋，也不会因为主球停在红球堆附近给对方留下机会。如果目标球进袋，虽然主球停在底岸边，不能卡黑色高分值球，但依然有进攻以及积极防守的主动权。可以用高杆打绿色球和棕色球进中袋，主球跟进去顶岸区找下一个红色目标球，并形成连续得分机会。也可以将主球贴住绿色球，作成障碍球，求得对方失误，从而有更好的进攻机会。

另外在除开局外，中盘也会出现可以运用相对进攻技术的机会，当对方失去进攻势头时，会将主球与目标球分开并拉大其间的距离。当然只要有目标球下球机会，且主球又不会被其他球在途中阻挡，便可以用中杆或高杆打一杆攻守兼备的球。

如果按相反方向用中高杆击球，即红色目标球被薄进角袋，使主球碰岸后进入红色球区附近，以便连续得分。这一方法尽管有可能，但危险性也比较大。在做这一选择时，要慎重。

在尾局阶段，也会出现运用相对进攻性技术的机会。但这时的情况与红色球在台面上不同，击完黄色球后，必须击绿色球，而黄色球和绿色球都在开球区，此时可以运用相对进攻技术，但用高杆将目标球击落袋时，容易把自己下一次下球线路"做死"，所以要将力度加大一些，让主球碰顶岸再稍弹起来一些，以便于打绿色球。

绝对性进攻战术运用

在台球比赛中，大部分的进攻都属于绝对性的，所谓绝对性是说在一杆的击打能连续得分时，都必须使主球走到有利于击打下一个目标球的位置上。在这种情况下，不必考虑攻守兼备的战术打法，因为目标球入袋没有难度。

在开局阶段，在目标球下袋的前提下主球的走位十分重要，这时是得高分的第一个机会。

在斯诺克台球中，5 分球被称为过渡球。选手们往往通过 5 分球的过渡，再次寻找到好的得分机会。

打 5 分球时，应注意防止主球落袋或撞击其他球。如果台面上有 5 分球，当 5 分球和腰袋、4 分球三者的夹角呈 90 度时，主球撞击 5 分球进腰袋后，往往会向 4、5 分球奔去，可能撞上 4 分球或者将 4 分球撞入袋等。

如何不给对方留下得分机会

击球运动员在没有得分机会或没把握得分的情况下，要牢记一条原则，就是我得不了分也不给你留下得分机会。围绕实现这一原则，有几个典型方法：使主球与目标球距离拉大；使主球贴岸；使目标球远离袋口附近等。

将主球与目标球拉开距离

拉开距离主要方法有三种：一种是用高杆打极薄球。由于目标球受力较小，有时几乎在原地不动，主球一擦而过，分离角很小，几乎沿着运动方向前进，使两球拉开距离。

另一种是击球运动员用中杆或低杆击打主球，撞击目标球的整个球体，使目标球向前移动，主球定在原地或后退，从而拉开距离。

还有一种是，击球运动员用大力度，中杆击打主球，撞击目标球整个球体，使其由底岸（或顶岸）弹回，向对岸运动，主球定在原地或稍微推进，使两球距离拉开。

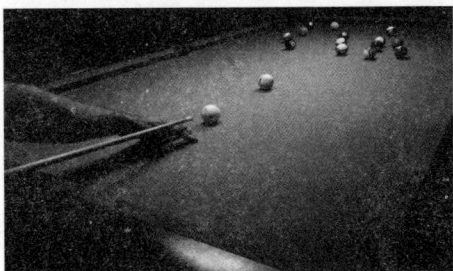

进球没把握之时可给对手制造障碍得分

使主球贴岸

保持正确的击球姿势，是运动员进球得分的必要条件之一。由于主球贴岸后，击球运动员就无法保证正确的击球姿势，这不但影响瞄准的准确性，而且还容易滑杆，造成击球失误。使主球贴岸的方法很多，通常采用推进球或跟进球的击球方法，有时当目标球处于贴岸状态，可采用中杆撞击目标球的整球，目标球被撞离岸边后，主球在它的位置定位，紧贴岸边。

采用这种击球方法，要注意击球力度不宜过大，防止目标球碰撞几次岸边之后又回到主球附近，达不到目的。

使目标球远离袋口附近

机会往往是人为造成的。一个球如果处理不当，很可能给对方创造机会。当目标球是红球或按分值顺序应该击打彩球时，击球运动员未将其击落袋内，而目标球静止后在袋口附近，这样给对方提供了连续得分的机会，此等情况应尽量避免。

由于切薄球和片薄球时，主球与目标球接触部分较小，有时几乎是一擦而过，目标球受力极轻，移动距离不大，如果没有落袋，很容易留在袋口附近。因此，在没有把握的情况下，不要打极薄的切球和片球。

防守性技术运用模式

如果将台球防守性技术理解为消极防守的话，那就错了。台球防守应当是积极性的防守，是为进攻制造机会的防守。也只有这样的防守才有实战意义。

开局阶段的防守

开球实际上就是一种防守性技术，它不下球，只是为下球制造机会。目前常见开球的方法主要有以下3种。

1. 将主球放在开球区黄色球与棕色球之间，中杆、中等力度击球，用薄球撞击红球右底角第一个红球，主球经顶岸反弹再碰边岸返回开球线，使主球和红球分开尽量大距离。并尽量使主球贴岸，给对方击主球制造困难。

2. 将主球放在黄色球与棕色球之间，用右中偏杆击打主球，稍用力击打红球三角形中右上角的第二个红球。主球由于自身的旋转会碰顶岸后再碰两次边岸，最后停在开球区后。如果偏杆的旋转不够，主球就会沿虚线返回。

3. 将主球放在黄色球与棕色球之间，击打主球的左侧击点，先使主球直接碰顶岸，然后再反弹向红球。这种开球的力量一定要掌握好，太大会把红球炸开，给对方造成机会。

打台球的 8 个准字诀

这八个准字是：

进球角度找得准，击球力度把握准。

主球击点选得准，走向停位控制准。

姿势端正瞄得准，稳妥出杆打得准。

精神集中保障准，心态平衡才能准。

在使用这 8 个准字时，要合成一个准字，这就是在每一次击球前，这 8 个准字都不能忘记，而且努力做到，才能保证准确地打好这一击。

其实，这些技巧我们在前文中都已经介绍过了。这里之所以再介绍8个准字诀，主要是想用这个通俗的方式强化一下记忆，方便大家的学习。

进球角度找得准

目标球只有一个进球点，也叫被撞点。主球前面能够撞到目标球进球点的那个点，叫做撞击点。两球相撞时，如果是直球，是没有角度的。如果有角度就有薄厚之分了。进球点只有找准，而没有选择的余地。不管处于什么样的角度，击球时必须根据角度大小，按照薄厚，使主球撞上那个进球点，才能将目标球击入袋内。

击球力度把握准

打台球的用力度很难把握。这个用力度是很难用文字和画图表达出来的，主要靠球员长期练习和摸索才能体会到。

习惯上把击球的力度分为5个等级，即轻打、稍轻、适中、稍重、重打。5个等级的大致标准是：在击球的中心点时，以长边栏来回之间的次数和球停止的位置来表示力量强弱的程度。

轻打为从这个端边击出，让球停在那个端边，即一折。稍轻为来回两折。适中为两折半，稍重为三折，重打为三折半。也有练习重打碰7个台边。轻打击硬币出圈。这主要是练习腕力。

关于击球的力度各有各的风格，有人好打暴杆，听起来痛快。有人好打柔杆，叫稳扎稳打。按照一般规律，其实除了远球和个别跑位球之外，还是小劲为好。用小劲柔杆落袋的把握比较大。同时，如果进不了袋，也可以把目标球养在袋口，叫做"不进则养"。

主球击点选得准

在主球的十分之七同心圆处，有9个击球点。下杆之前的关键是瞄准击球点。打什么样的球，瞄什么样的点。其实是选准击球点。因为它不同于目标球的进球点只有一个，而击球点是有很多可供选择的，不仅要进球，还要走位，选不准就打不成。

瞄准有两个程序：第一个程序是从后往前找，第二个程序是从前往后找。应先从袋口处看，这个目标球将沿着什么路线进袋。主球撞到它的哪个部位才能进袋。必要时应该用球杆比量比量。

在确定了打主球的某一点之后，要对准目标球认真地瞄一瞄，一般是让球杆在手架上来回撸两三次。这叫运杆的过程。

先看杆头要打主球的那个点，然后再看主球将要撞击目标球的那个点，再看一看这两个点之间的垂直线。最后眼睛盯住目标球的被撞点上，确定无疑，随手击发。所有这些程序，都是在一瞬间完成的。

走向停位控制准

台球运动员要想控制主球的走向和停留的位置，就必须善于运用主球的不同击球点。有人把台球的全过程归纳为两个阶段，第一是进球，第二是走位。

进球是夺取胜利，走位是保障胜利。二者是相辅相成的，一个成熟的台球运动员，应该是既能进球也能走位，而且是在走位的同时保证进球。

姿势端正瞄得准

打台球的姿势往往不被人们所注意，甚至打了多年台球的人，姿势并不端正，养成习惯，改也困难。所以，学习打台球的，一开始就要有个正确的击球姿势。姿势端正不只是为了好看，而是击球准确的基础。

脚步站得对，才能用上劲，腰能哈得下，才能瞄得准。也只有这样才使身体各个部位都能得到锻炼。

端正的姿势应该是：身体的正面要面向主球垂直站立，右手握杆的人左脚向前迈半步，两脚呈反"丁"字型。前腿弓，后腿绷，或前腿蹦直，后腿弯曲都可以。腰要哈到下颌接近球杆的程度，或哈到能够看清主球与目标球的垂直线。只有这样才能打出好球。还有在击球时一定要做好手架，并学会使用架杆。

稳健出杆打得准

姿势端正，架势正确，关键还要稳健一击。在击球时，大臂不要用力，只是小臂前后摆动，最好手腕一抖让球杆紧贴肋下击出。

所谓稳健，就是一切准备都做好，再让杆尖在主球前稍停片刻，稳住阵脚，随手一击。只有用这样的杆法，打出的球才能准确有力。否则，大臂一挥或举杆便打，一是不可能打准，二是容易失控。

精神集中保障准

台球运动不但是一项体育运动，还是一项很好的脑力活动。它在整个活动中，需要一系列的筹划和策划，只有精神高度集中，严肃认真，一丝不苟，才能保障击球的准确性。否则，精神涣散，谈笑风生，是打不出好球来的。

心态平衡才能准

在各类运动项目中，尤其是在比赛时，都有一个心态问题，影响着比赛的成绩。台球运动也是一样，在各种比赛时，一定要调整好自己的心态。

台球选手专心致志地打球

概括了这八个准字，来保证一击的准确性，但是如果心态调整不好，再好的技术临场不能发挥，也还是打不好这场比赛。

PART 7 项目术语

　　每一种运动都有自己独特的理论体系和专业术语，台球也不例外。想要学会打台球或能看得懂台球比赛，就必须掌握专业的项目术语。

主球

　　运动员从始至终用球杆直接击打的球，并利用该球运动的力量撞击其他球而得分，这个球就叫"主球"，或叫"母球"。

死角球

　　当角袋边缘挡住了主球，使主球不能直接击打台面上的目标球，被称为死角球。

手中球

　　在美式台球规则中，手中球的概念是主球可以摆放在比赛台面的任何地方。比赛中任意一方击球犯规或者落袋，对方就能获得一次手中球机会。

局中球

　　从每盘比赛开始，到每盘比赛结束之间，除手中球外，均称为局中球。

死球

　　称为死球的球是指主球。在斯诺克中，当主球在任何能够撞击到活球的所有直线线路上，被一个或多个非活球阻挡的时候，主球便称为死球。

占位

当被打球入袋或出界后，需要放摆该球的点位又被其他球所占据时，即称为占位。

扎杆

将球杆斜向下或几乎与台面垂直击打主球，称为"扎杆"。

出界

出界也叫出台，当一击球完后，无论主球或是被打球，跳出球台落到地上和球已静止时球停在台边沿上，即为出界，属于犯规。

误击

击错主球，误将其他球当作主球击打，或者没有按规定顺序击打活球而击打非活球时，即为误击。

台球"扎杆"技巧

手中球置在开球线后

在美式台球中，主球被放在开球线与顶岸之间的任何地方。

活球

在斯诺克台球中，运动员可合法打一个彩色球（没有红球情况下）入袋，这颗彩球叫活球。

开球

比赛时，每局开始的第一次击球，又称开局。通常由开球选手将主球放在开球区规定位置，用球杆去撞击主球，使主球去碰撞前半台的多个台球组成的球组。

该术语适合于斯诺克台球、美式 8 球、花式 9 球等台球。开伦台球不适合该术语。在美式台球的开球中，要求必须使四球碰岸，方被认为是合法开球。

手桥

用于架住球杆和调整杆头瞄准方法的手，称为手桥。

指球

在美式台球中，运动员在击球前必须向裁判员指明（口头或用杆指出）所要击打的目标球是哪一颗，称为指球。

定袋

在美式台球中，运动员在击球前必须向裁判员指明（口头或用杆指出）要击入哪个球袋，称为定袋。

联合击法

主球撞击目标球后，被主球撞击的目标球又去撞击其他目标球，并以此方法来击球入袋，称为联合击法。

岸

一种用织物包住的橡胶制品在球台台边内边沿上，并和它外部周围的木质物一起构成岸。

双击

在一次击球中，主球被杆头两次击打，称为双击。

侧旋球

通过球杆头部击打主球的左右侧，产生出侧旋球。

薄击球

主球仅仅擦碰目标球，被称为薄击球。

击球点

当主球被击出后，主球与目标球相碰击时的入球点，叫做击球点。

球杆

一种由木质材料造成的锥形体，并用其击打主球。

缩球击法

主球被击下击点时，会产生下旋，当主球全击目标球后，便会向后方缩回，称缩球击法。

跟进球击法

当主球被击上部时，会产生向前旋转，当主球全击目标球，主球便会向前滚动，称跟进球击法。

随势出杆

随势出杆是球杆击打主球后，球杆穿过原来主球所占位置范围的继续运行路线。

力度

力量通过球杆打击主球，并导致球在旋转、反射角、分离角等方向产生变化。

犯规

比赛中的一种违犯规则的行为。

犯规击球

在击球时，发生违反规则行为，称犯规击球。

盘

从开球开始，直至击落所有的球或打满规定的分数，称为一盘。

自由球

在斯诺克台球比赛中，因犯规所导致的主球被做成障碍球，没犯规方队员可指定任何一个球作为自由球来打，打指定自由球入袋后，记活球分值，将自由球和活球同时打入袋，只记活球分值。彩球作为自由球被击入袋中，应把彩球放回置球点上。自由球不能做障碍球，否则犯规，但当剩下粉球和黑球时除外。

局

若干盘比赛构成一局。

跳击

使主球或者目标球弹起台面的击球成为跳击。

跳球

球离开比赛台面或者球以跳起方式越过其他的球，成为跳球。

吻击

主球碰击多于一个目标球，这种击法叫吻击。

碰岸比近

双方运动员将球从开球线后击出去碰对岸返回，并力图使返回的球尽可能地靠近岸边，通过比近来决定开球权，称碰岸比近。

场

由若干局构成决定胜负的比赛，称为场。

冻结

击球中犯了大的错误，而把台面上的球予以冻结，不可继续击球，必须把球重新布置，另行开球。

滑杆

球杆打主球时，由于打滑导致失误，成为滑竿。通常由于没有打在主球击点安全区内，或由于杆头没有打滑粉所致。

空杆

在斯诺克比赛中，空杆是指击球手没有尽自己最大能力去击中台球。在一般台球赛中，空杆的意思是失误的一击。

自然侧旋

一个适度的侧旋的主球，便于有一个所需的行进路线。

自然上旋

主球不带着侧旋的运动，称自然上旋。

目标球

被主球击打的球，称目标球或者的球。

开局击球

一盘比赛中第一杆击球，称开局击球。

落袋

在斯诺克台球中，一个目标球进袋称为落袋。

推击

杆头持续碰击主球，称推击。

抢局

预先确定的决定比赛胜负所必需赢的局数。比如比赛定为 21 局 11 胜制，便可称为抢 11 避。当一方赢得比赛的 11 局后，比赛便结束。

杆架

一种由木与铜制成的架杆器具。

单循环赛

在一次比赛中，每一参赛队员互相之间均进行一次比赛。

得分

一分或是成功的一击，即一个队员在一次击球中所赢得的积分。

安全球

在斯诺克中，安全球就是击球方击球后，母球停在了没有给对方造成斯诺克但是又让对方无法进球的位置。在一般台球中，安全球是指当自己无法击球得分时，可以把主球置于对方不利的位置，迫使对手击不中球而被罚分。

安全击法

防止给对方好球可击的稳健击球方法。

自落

被击主球落入球袋。

击球

所谓击球是指用杆头迅速击打主球，并以主球和比赛中所有的球停止滚动和旋转为结束。

单淘汰赛

比赛的一种方法，一位参赛选手输一场比赛后即被淘汰出局。

障碍球

在斯诺克台球比赛中，所谓障碍球是指主球不能以直线球去击打一个活球，其线路被非活球阻挡。

击球员

运动员开始击球，在一击球或一杆球结束之前，即在裁判员宣布"失机"或"犯规"之前，此运动员保持着击球员的资格。

一击球

凡是击球运动员使用球杆顶端皮头击打主球，无论是得分、犯规或失机，都叫做"一击球"。如果得分后，再进行一次击打主球，算做下一击球。

一杆球

击球一方从击球得分开始，直至击球因未中或犯规而停止击球，这样连续击球得分为一杆球。

单杆破百

单杆破百指一杆球连续得分等于或超过 100 分。在正式比赛中单杆过百会被官方记录。

满杆

在对手没有犯规的情况下，一杆球的最高得分是满分 147 分，即通常所说的满杆。

失机

当运动员正常击球，但没有击球入袋或得分，即为失机。

定位球

当主球撞击目标球后，主球停在原目标球的位置上不动，成为定位球。

贴球

台面上球完全静止后，主球与其他球相贴，即为贴球。

半球

主球撞击的球的左半侧或右半侧，碰撞后主球和的球沿不同的方向运动。

标志点

嵌在台球台边沿上的圆形或菱形标志。

巧克粉

为了防止滑杆，涂在球杆皮头上的固体粉末。

薄球

主球与的球的撞击点比击打半球更靠近球边缘的球，称薄球。

长脚双球

主球距第一的球近，第一的球距第二的球较远，主球撞击第一的球后再去撞击第二的球时，要经过一条很长的路线，形同伸出去的长脚，所以叫长脚双球。

触球

在台盘上用球杆杆头以外的物体碰到球，如手、衣服、领带等，称为触球，均属于犯规行为。

戳球

使用球杆几乎垂直地自上而下击球，可使主球产生急拐弯或成曲线运动，称戳球。

大力球

采用大力击打的球。

倒顶

让主球撞击目标球后，目标球碰撞台边后弹入网袋，称倒顶。

二边球

主球撞击目标球后，使目标球撞击二次台边，反弹落入网袋，称二边球。

二次撞击

指主球撞击的球时，球杆与主球没有直接分离，或者捅了2次主球，称二次撞击或者劣杆、捅杆，属于犯规行为。

反折球

球杆撞击主球中央下部，使主球旋转前进，撞击目标球后，主球产生回折，称反折球。

反射角

反射角指球从台边反弹回来的角度。

罚分球

美式落袋台球比赛中，出现困难局势时，故意击球不中，违反了击安全球的规则。放弃击球权，要被罚 1 分，称为罚分球。这是比赛中减少损失的一种打法。

跟球

主球正面撞击目标球后，跟着目标球向同一方向行进。

关键球

在连锁击球时，从最后落入网袋内的球数起第三个球（包括手球在内），称为关键球。

厚球

撞击目标球接近中心部位的球。

后球

在台盘上所有剩下的球。

近球

两个的球相距很近，像眼镜的形状，近球也称"眼镜球"。

角球

落袋式台球桌上位于四角的球袋。

侥幸球

击落了所瞄准的球以外的球。

脚点

球台台盘上所画脚线的中点，在美式台球中常使用该点。

聚球

使被打的球靠拢在一定的范围内。

击球点

球杆撞击主球的位置。

加农球

利用撞击的球反弹后的主球而使别的的球落入袋内的一种打法，称加农球。

脚线

连接两个长边第五标志点的线，也叫下线。

进杆

球杆向击球方向运动。

K 球

主球撞击第一的球后，未到达第二的球时，又被第一的球碰撞，称K 球。

空岸球

主球撞击台边，反弹回来再撞击目标球。

开球区

落袋台球台盘上的半圆形区域，专为开球之用，称开球区。

开球线

台盘上一条与底边平行的线，置球点不得超过开球线。

空落

主球没有击中球，而本身落入袋中，称空落。

连锁球

两个或两个以上的球一个碰一个，最后将所有指定的目标球击落入袋内。

连击球

主球先击中指定的目标球后，目标球又碰撞了一个或一个以上的球后再落入袋内。

鲁尔球

美式落袋台球的一种，也称普尔台球。

码球架

一种三角形木框，可将的球摆放成三角形。

内区

以开球线为界，靠近底边的部分为内区。

碰岸球

主球撞击 1 个的球后，碰撞台边，再碰撞另一个的球。碰撞一次台边称一岸球，碰撞 2 次台边为两岸球。

偏杆球

用球杆撞击主球中央左侧或右侧，发生侧旋转的运动，有偏杆和反偏杆之分。

球台

台球运动使用的、有一定规格要求的台桌。

曲球

球杆击主球的一侧，使其偏离直线而呈弧线运动的球，称曲球。

轻球

主球较薄地击中第一的球后又斜向击中第二的球的击法。

饶枪头

故意让对方得到分数，称饶枪头。

让分

比赛中让弱方一定的分数，称让分。

入射角

球向台边碰撞的角度，称入射角。

送红

把红色球送入袋内，称送红。

送落

将目标球击落入袋内，称送落。

双花

在四球台球中，主球连续撞击 3 个的球为双花。

斯诺克台球

斯诺克台球原意为障碍球，属于英式台球，也称彩色落袋球。

推球

主球距目标球很近，目标球和主球一起被球杆推向前，称推球。

台边

球台的边框，台球球台上固定橡皮边的木沿，也称台沿。

定球

主球正面撞击目标球后，把本身的动力全部传给目标球，自己停下不动，称定球，也称停球。

脱杆

脱杆也称为脱枪，指一杆没有得分的球，同时又失去了击球权。

贴岸

球体运动静止后，紧贴在台边，也称贴边。

退杆

将球杆缩回，称退杆。

台球点

在英式台球中，距底边中点 12.5 英寸的点，又称红球备点或红球基点。

头线

在美式落袋台球中，靠近上边并连接两长边的第二个标志点的线，称头线，也称上线。

外区

以开球线为界，靠近顶边的部分为外区。

皮头

球杆杆头上用皮革制的顶头。

相会球

撞击第一目标球后，主球与第二目标球相撞，称相会球。

一手到

击打双球时，主球先后撞击 2 个目标球而没有碰撞台边，称一手到。

一边球

主球自落，使目标球撞击一次台边后弹回。

腰袋

落袋式台球两长边中间设置的球袋。

指定打

事先指定某一个球落入指定的某一个球袋。

中点

台盘面上的中心点。

撞点

用球杆撞击主球时的瞄准点。

PART 8　裁判标准

台球国际比赛通用规则　（节选）

以下规则为有关所有落袋台球之比赛方式、得分、执法及责任。但本规则中之所有戒条及原则为基本规则的一部分，适用于正式或非正式比赛。为了能够简单明了地叙述这些规则，有时会使用男性代名词（注：他），在实务上该称谓适用于所有选手或选手团。

1-1　选手的责任：

选手有责任了解比赛所有相关的规则、条例及赛程表、流程表等。即使主办单位得尽其所能为选手准备好所有相关信息，但主要的责任皆落在选手身上（例外情况请参看守则2-14），若选手不自行索取及熟读相关资料，当发生违反规则的情形时，选手便会丧失其应有的权益而无追诉权。因此，选手务必了解、熟知一切相关规章，这是选手本身的义务。

1-2　确认比赛所使用之器材：

比赛前选手必须自行确认其所使用球及有关器材皆为标准及合乎规则，否则一经开始比赛后，选手无权抗议其所使用器具的合法性。（除非比赛的对手及主办单位双方认同其抗议，且比赛大会方面有适当的补救方法）

1-3　器材之使用：

除了器材本身设计之使用方式外，选手不得改变其用途。举例说明：滑石粉容器、巧克等不得用来支撑架杆器（或支撑手架杆），且选手在任何情形下，不得同时使用超过两组架杆器，架杆器亦不得使用于架设球杆以外的任何用途。选手不得使用多出的球或没有使用到的球来测试球是否能通过或当作其他用途（决定开球权之比球不受此规定之限制）。当没有裁判员执法且球台上三角框的位置没有画线显示时，选手可用三角框检视球是否在三角框内（请并参考守则 2 – 13）。

1 – 4　使用器材之限制：

选手可自由选择使用任何品牌之巧克、滑石粉、球杆、架杆器等。但是，主办单位有权限制选手之任何会损及比赛球具或比赛状况之行为，比方说：一位选手可能被禁止在绿色的球台布上使用红色的巧克；或因为可能会弄脏球台布和球，而被要求不得过分使用滑石粉；也可能因为其所使用的球具（杆）发出不当之噪音，影响到其他参赛选手而被禁止继续使用该球具（杆）。（请参看守则 2 – 15）

1 – 5　球台画线部分：

排球时必须使用三角框，每一张比赛球台都必须配备一付专用的三角框并加以记号，以确保比赛的过程中每一张球台所使用的三角框为同一付。并且以笔在球台布上正确地画出：

1. 三角框的正确位置，以确定排球的准确性及一致性。

2. 排球线，以确保摆球的准确性。

3. 发球线，以确定母球（或子球）是否在发球线后。

同时，头点、中心点及脚点也要明确地标示出来，不论是小心地标以十字记号或用标点来标示。但若比赛并不要求须有以上的记号，则头点及中心点可不必标示出来。

1 – 6　主办单位之自由决定权：

主办单位有权决定有关赛事之其他合适的规则及程序，比如：要求选手的服装、决定报名费收取方式、报名费退费方式、赛事时间之弹性安排、抽签方式、练习程序等等。但是，若主办单位欲取得世界花式台球协会（以下简称 WPA）对该赛事之认可，有一些基本条件必须符合WPA 的要求，特别是关于确保奖金的正确分配方式。

1-7　延迟开赛：

选手必须在该场比赛开始后 15 分钟内至比赛场地准备好并开始比赛，否则以弃权论，其对手获得保送。实际开赛时间以原来大会排定的时程或比赛当时由大会公布的时间两者中较晚者为准。

1-8　比赛时不得练球：

选手在比赛进行中不得练球；任何不属于比赛应有之出杆，均为犯规（参考规则 1-6）。

1-9　不得接受任何协助：

在比赛进行中，选手不得与任何旁观者讨论打球的方法，如果选手询问观众并接受其建议，则该选手视同自动弃权。除了对手外，任何给予选手口头或非口头协助的旁观者，一律由主办单位驱逐出场。

1-10　没有离开球台：

当选手出杆权结束后，他必须立刻停止出杆动作并离开球台，否则视同输了该局比赛。

1-12　暂停比赛：

若选手在裁判宣布比赛暂停后依然出杆击球，则该选手视同输了该场比赛，因为暂停比赛之宣布视为明显之停赛警告。

1-13　暂停：

每一位选手只能在一盘或一局中轮到自己上场时要求暂停，或是基于主办单位的行政考量。暂停时裁判员或大会行政人员必须在球台上放置暂停或类似的标示牌。暂停时双方选手不得在该球台上练球。基本上每一位选手在一场比赛中只有一次 5 分钟暂停的权利。

1-14　弃权：

如果选手宣布弃权，则自动输掉该场比赛。若选手在其对手上场出杆时，企图转开他

裁判在认真码球

手中的球杆，将被视为弃权，裁判员可不必警告而直接宣布该选手弃权。

1 – 15 保送之计点规则

选手因任何理由被保送时，无论在被保送前其得分多少，一律不作正式比赛记录或记点，而以赢"W（F）"，或输"L（F）"为记（如被取消资格，视同保送对手）。若因对手弃权而获保送之前，该选手在比赛中正好创下单杆最高分（或类似的奖项纪录），该单杆最高分或纪录仍具有赢取比赛奖励或奖金的效力。

1 – 16 比赛无裁判员时：

在比赛无正式裁判员时，任何双方的争执，将由大会负责人或其指派之人代替仲裁之。

1 – 16 –（1） 母球犯规：

当比赛设有正式裁判员时，任何一方选手在出杆前、出杆时及出杆后，以球杆、衣服、身体的一部分、架杆器及巧克等碰触到球，皆犯规。但若比赛没有裁判员在场时，在上场打球不小心碰到位于选手与母球之间之不动之球时，并不算犯规。

一旦上述情况发生时，选手应让大会负责人重置被扰乱的球回其原先正确位置，如果选手不愿意该些球被归回原位，此时若他之任何正常打击之球碰到该些未归回原位的球，或者是球通过未归回原位之球原先停放的部分位置时，该打击算犯规。

总之，应早点请大会负责人来归位该些被扰乱之球，当然不可在球仍未静止时来摆放。同时在大会负责人未归位任何被扰乱之球前，任何出杆打击其他球的行为皆为犯规。但若非打者选择让该些被扰乱之球留在新的位置时，此时这些被弄乱之球算已归位，且随后之出杆打击不算犯规。但不论任何人在比

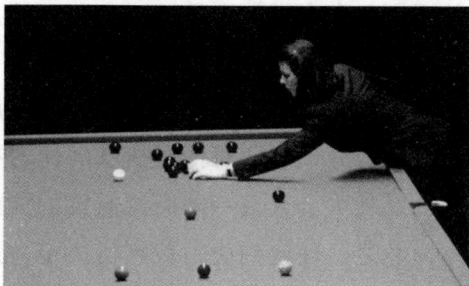

裁判员将球放回原位

赛中碰到母球时一律算犯规，当然在正常的打球时，用球杆皮头来接触母球不在此列。

1-16-（2）　跳球、剁杆之犯规：

在无裁判员执法的比赛中，若选手欲使母球跳过、绕过或剁过障碍球（该球为非目标球），致使该球移动（无论是因手、架杆器或是出杆后球杆的延伸所造成）均为犯规。

1-16-（3）　第三者的意见：

若发生难以判别的争议情况时，任一选手可请求大会或第三者，以判定该情况之合法性。

1-16-（4）　解决争议：

当双方选手发生争议时，应由大会的负责人或其指定代理人予以解决。

1-16-（5）　难以辨别之击球状况：

若母球几乎同时击中一目标球及一非目标球，而无法判定究竟先击中何球时，应判定对非出杆者有利（注：即打者犯规）。

1-16-（6）　排球（即摆球）：

排球时必须尽量将每一颗球互相靠紧，除非在万不得已的情况下，避免以球敲击，必要时最好以毛刷仔细刷扫三角框范围内之球台布，尽可能使其平顺。

2-1　赛会行政人员及裁判员：

当这些守则谈及裁判员时，应注意裁判员之特权及自由决定权亦延伸适用于大会行政人员。

2-2　裁判员之权力范围：

裁判员有职责维持比赛秩序并为比赛执法，裁判员之判决即为终决，不容异议。他对他所执法的比赛有全部的权力，他可审慎地考量何时与其他大会人员一同商议有关的规则释义、球之放置位置等。

总之，任何判决由裁判员决定，选手不得任意向大会提出申诉，除非裁判员作出错误的判决或用错条例时，方可由主办单位更正其判决。裁判员可依他个人认为合适的方法来做判决。

2-3　裁判员之响应能力：

裁判员在任何情况下必须有足够的能力回答选手所提出的一切客观的有关比赛之问题，譬如：球是否在三角框范围内、球是否在发球线后、目前比数、尚余几分得胜、双方选手是否犯规以及在某种状况下所适用的规则等。

当裁判员被问及有关规则释义时，他必须以他所了解的细节尽力说明。但即使裁判员说错亦不能做为选手犯规的护身符。裁判员不得加入个人的主观意见，以至影响到比赛，例如：指导选手如何击球、是否可打某组合球、对选手分析球台上的情况等。

2-4　最后判决权：

虽然这些规则尽其所能的来涵盖所有比赛中所产生的情况，但偶会有些不寻常的情况发生而需要对规则的适用性做某些阐释。在此特别的情况下，主办单位之负责人或其他行政人员针对该情况所做出的决定（不同于裁判员的判决需求）将为最终的判决。

2-5　严禁裁判员参与赌博：

裁判员严禁参与任何有关该赛事之赌注，若发现裁判员或其他工作人员对比赛或任何参赛选手下赌注时，则立刻取消该裁判员或工作人员之资格并没收其所有的工作酬劳。

2-6　开赛前之动作：

开赛前裁判员有责任检视球台与球是否清洁，同时必须确定巧克、滑石粉、架杆器等器材均已准备妥当齐全。当特殊比赛规则要求时，他将标示台布上各种球点、发球线、摆球线及三角框线。

2-7　排球：

当裁判员排三角框之球时，选手可在排好后检视之。但裁判为排球之独一无二的决定者。

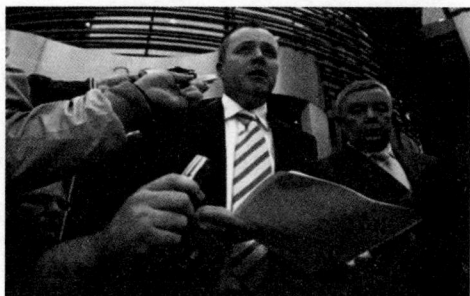

希金斯曾涉嫌赌球被禁赛

2-8　指定击球：

当比赛项目规定必须指定球、指定袋时，选手可自由选择出杆打击任何一颗子球，但在出杆前必须指明打击何球、入何袋。选手无须说明将以何种方式把子球打入球袋，如借球、开伦、打组合球或借颗星（皆为合法）。

除了指定之子球外，其他同时入袋之子球亦算合法进球。若裁判员误叫，选手必须在出杆前诉之更正。虽然裁判员误叫，但他如判断该选手所合法击出的球为其本意，则其进球算。

2-9　犯规之判决：

当犯规时，同时在判决未告知双方选手前，比赛不得继续进行。当基于某些特殊比赛规则下为母球自由球时，裁判员应将母球捡起后交给下家打者并告知他为母球自由球，且裁判员应宣告自由球。

2-10　难以判别之击球：

若母球几乎同时击中目标球及非目标球，而裁判员不能确定母球先击中何球时，则判定对非出杆者有利。（注：即打者犯规）

2-11　清除、转移球袋内之球：

当比赛使用无自行回球轨道之球台时，裁判员必须把已满或将满之球袋内之球移至其他球袋，以确保进球没有阻碍。选手有责任提醒裁判员执行该项任务，因为，若击入球袋之子球因球袋已满而跳出球袋，该球不算进球得分，且选手无追诉权。

2-12　清洁母球或子球：

在比赛过程中，选手可以要求裁判员清洁擦拭一颗或有球台上的球，一旦选手出要求，裁判员必须将所有显污的球擦拭干净。

2-13　选手不当使用器具：

裁判员应随时注意选手是否依器材或附件原先设计之用途或使用方式来使用，或是使用器材规格内所界定的不合法器材。然而，在选手坚持不当使用如上所述之器具且已被告知此种使用行为不合规定后，仍一意孤行时，裁判员或其他大会行政人员则可采取违反运动员精神条例处理之。

2－14　警告指示：

裁判员在选手即将严重犯规之前，必须给予警告（如将连续三次犯规、选手要求协助，或被判犯规后仍企图继续出杆等），不论裁判员是否有足够的时间来执行，否则选手的犯规只算是基本犯规（除非有特别的规定）。

例如：当比赛项目有规定裁判员必须提醒选手时，该犯规选手在出杆前只算一次犯规。当裁判员该提醒选手某球为冻结球而裁判员未事先宣告时，任何与该球碰触的球都算是碰到颗星。当这些情况发生时，裁判员必须立即警告且给予选手足够的反应时间。当选手已出杆或即将出杆才给予警告，则不算给选手足够的时间来响应，此时该警告将视同未曾发出。

2－15　将球置回原来位置：

当裁判员有必要将意外移动之球置回原来的位置时，裁判员必须尽其所能为之，而选手应对裁判员的重摆球完全接受。但若不能肯定其原来位置时，裁判员有权询问其他人的意见。

2－16　外来的干扰：

当有外来的干扰影响到出杆的结果时，裁判必须将受到干扰而移动的球置回其原位，由原来出杆的选手重新出杆。若外来之干扰不影响出杆的结果而其他的球有移动时，则由裁判员将移动的球置回原位，比赛继续进行。若移动的球无法恢复原状时，则该局重新排球，由原先开球的选手重新开球。

2－17　超出发球线时之警告：

当选手获得线后自由球时，将母球的1/2置放于发球线上或超出发球线时应予以警告，此种情况下若选手将母球击出时该次打击犯规。但如果选手将母球置于发球线外且超过特定距离时，裁判员不需警告选手即可在选手出杆后判犯规。

2－18　留在选手座规则：

选手在其对手上场打球时，必须留在大会为他设置的座位上，比赛中若欲离开座位必须征得裁判员的同意，而裁判员必须认定该时机是否适当、有无滥用权力来扰乱对手的比赛。若一选手没有得到裁判员同意而擅自离开比赛区，视同弃权和输掉比赛。

2-19　禁止外来协助：

除非某一竞赛规则中特别允许，在比赛中选手不得接受任何方式之击球建议。选手不可在除了与大会行政人员或对手或暂停外跟任何人做言语或非言语的沟通。若选手在比赛中需要饮水、其他球具或其他事由，在取得前必须经过裁判员或大会行政人员之许可，若裁判员认定选手不当接受外来协助时，可以引用违反运动员精神处理条例以处理。在团赛或双打时，基于主办单位之自由定权下，沟通规则可由合适的单位做出适当的修改。

2-20　非选手所造成之妨碍：

当比赛进行时，有非选手从旁干扰而影响到比赛一方或双方选手时，裁判员有权要求该位人士离开会场。

2-21　判定两次击球：

当母球与子球中间之距离不超过一个巧克时，裁判员必须特别留意该次出杆是否犯规。在此情况下，除非裁判员可以确认，否则下列方法可供参考，以判定是否两次击球；当母球在碰触子球后，跟着子球向前移动超过半颗球即为犯规。

2-22　抗议：

比赛选手有权要求裁判员或主办单位行政人员解释规则或抗议裁判没判犯规；但抗议应在下一出杆前立即为之，否则该抗议将不予考虑或接受。如果选手没如是做，则该犯规视同未曾发生。裁判员是实际上的最后判决者，但若任一选手认为裁判员误用某规则，或误判或阐释错误，此时裁判员应将该事件提交大会负责人或其代表人处理。

大会的负责人或他的指定代表人之规则释义为最后决定，且直到该抗议被解决前，比赛将须暂停。双方选手应尊重对方提出要求大会行政人员到场或要求裁判员来检查及确认一问题规则。不尊重对手之要求将可引用非运动员精神条例判其失格或弃权。

斯诺克判罚标准

裁判员裁定一方球手犯规，除停击外，还要根据情况宣布处罚分值，并将所罚分值记录在对方球手的成绩栏中。出现下列情况之一，均算犯规：

1. 按规定顺序应该打的目标球，虽然被击中但没落袋判失机，换由对方球手击球。

2. 击球时发生推杆、连击现象，无论击中目标球与否，按红、黄、绿、棕球罚4分，其他球按分值罚。

3. 击球运动员的衣服、球杆、佩戴物等任何部分触到或触动球台上任何一个球时，都算犯规，按瞄击目标球应扣分值罚分，小于4分按4分罚，高于4分按分值罚。如果击球运动员应该击彩球，而未向裁判员示意之前，发生以上犯规现象，均罚7分。

4. 击球运动员没有使用白球而使用其他球作主球（即错击主球），一律罚7分。

5. 击球运动员第一击将红球击落袋中，接着应该击打彩球，而又一次击打红球，即接连击打红球，一律罚7分。

6. 击球时发生空杆、空杆自落、击中目标球自落或与目标球同落、将主球或其他球击出界外，均属犯规。应按目标球分值罚分，小于4分按4分罚。

7. 击球时首先未能击中目标球，而是误中或击进其他球，即使又将目标球撞落袋内，不仅得分无效，并且应按其中最高分值罚分。

8. 击球时，误中低于目标球分值的球或发生自落、击落或同落的情况，按目标球的分值罚分。例如，目标球是粉球而误中的是黄球，应按粉球6分分值罚分。反之，误中球分值高于目标球分值，应按误中球的分值罚分。例如，目标球是红球，而误中的是黑球，则罚7分。

9. 击落、未击落目标球或发生自落，同时又将其他球撞击入袋，得分无效，按落袋球最高分值罚分。例如，目标球是红球，击落的是篮球，应按篮球 5 分分值罚分。反之，目标球分值高于被击落球的分值，按目标球的分值罚分。

10. 凡是主球被击出后，没击中目标球而跳越过其他任何球体，都算跳球，要罚分。

11. 当台面上没有红球时，击球运动员搅乱了击打彩球的顺序，按错击球的分值罚分，若目标球的分值小于 4 分，均罚 4 分。

12. 当台面上还有球在滚动时，就开杆击球或击球时双脚离地，按所瞄击目标球分值罚分，小于 4 分，均罚 4 分。

13. 用自由球做成死球算犯规，按分值高的罚分（只剩黑球和粉球时除外）。自由球就是在一方犯规后，如果主球成为死球（主球直线行进时，能够直接接触到任何活球的任何部分的线路都被一个或一些非活球阻挡住了，这时的主球就被称为死球），这时裁判员应宣判为自由球。如果由非犯规方接着击球，他（她）可以指定任何一个球作为活球。

14. 主球同时撞击两个不同分值的球，判罚两个球中最高的分值（同时撞击两个红球或一个自由球与一个活球的情况除外）。

15. 不论主球或目标球被击出界外都属犯规行为。若主球被击出界外，按目标球分值罚分；若其他球被击出界外，按其分值罚分；若同时将两个以上球击出界外，按出界球中分值最高的分值罚分。

16. 一击球中，允许同时击落两个以上的红球，击进几个红球得几分。无论同时击进几个红球，下一击只有一次击打指定彩球的机会。例如，第一击同时击落两个红球则记 2 分，第二击将指定的彩球击落袋内，第三击仍以红球作为目标球，若第三击又击打彩球，按犯规处理。

17. 一击球中，如果同时将自由球和活球击入袋内，则只记活球分值。

18. 允许运动员运用正当的击球动作，给对方造成障碍球。如果对方使用弧线球或利用空岸反弹等救球方法，均未击中应该击打的活球，应按活球分值罚分，小于 4 分按 4 分罚。

如果误击中比活球分值高的球，应按该球分值罚分。罚分后，制造障碍球的球员认为台面上的球势对自己不利，有权要求犯规球员再次击球，再犯规再罚。

19. 在比赛中，如果出现犯规行为，裁判员应立即宣判犯规，并且在这一击球结束之后宣布处罚。如果没有在下一击球开始之前由裁判作出判决，对方也没有在这一击球之前提出异议，这次犯规即被视为宽赦了。

20. 在比赛中，如果有球（不论是静止的，还是运动着的）受到场外人而不是击球者（正要击球或正在击球的人叫击球者，在一击球或一杆球结束之前，这个人保持击球者的身份）的触动，或当运动员受到场外人员的碰撞而触动台面上的球，对以上这种情况，击球运动员概不负责，不算犯规。裁判员应按原来球位重新摆球，由击球者重新击球。

21. 如果裁判认为比赛即将陷入僵局，他应警告比赛双方。如果不尽快改变这种局面，他将宣布这盘比赛无效，比赛应按原先的顺序继续进行。

22. 如果比赛中，发生运动员拒绝继续比赛，或者故意的连续犯规，或者有其他不正当的行为，妨碍比赛继续进行，裁判员应果断宣布该运动员比赛失败，并视其情节严重程度，申报裁判长或组织委员会或竞赛委员会，提出取消其本届比赛资格或一定时期参赛资格。

当裁判员认为击球运动员迟迟不进行击球，可向其发出警告。警告后其仍然故意拖延时间，应宣布其比赛失败。因上述情况被宣布失败的运动员，将丧失本局所有得分，对方运动员不但其他盘次得分有效，还将获得本盘台面上所剩球的分值总和，其中每个红球按击落一个黑球考虑，按 8 分计算。

23. 当运动员将主球击出界外、自落、同落或由于犯规造成死球或死角球时，裁判员可将主球判给对方运动员，作为手中球处理。当红球被击落袋或击出界外，就不再是局中球。当台面上有红球时，彩球被击落袋或击出界外，在一击前，应将其摆在规定的点位上。

当红球全部落袋，开始按分值顺序击打彩球时，被正常击落袋内的彩球不再取出。虽然是按分值顺序将彩球击中落袋，但是伴随有违例、犯规行为，应将其从袋中取出，摆在规定的点位上。

24. 需要将落袋或出界的彩球摆在规定的点位上，出现点位被其他球占据时，应该将彩球放在最高分球的位置上，如果高分球位置也被占，则依次从高分位往低分位摆球，如果各彩球点位均被占据，应将彩球摆在自己位置殿宇顶岸间的纵轴线上靠近点位附近最近的地方，但不能相贴。

例如，黄球落袋或被击出界外，这时 2 分球点位被占，黄色球应摆在黑球点位上；如果黑球点位被占，则应摆在粉球点位上；如果粉球也被占，则应摆在蓝球、棕球点位上……以此类推。如果彩球点位全被占据，则黄球应摆在黄球点附近。

如果同时需要放置两个以上彩球，而且它们自己的点位都被占据，则优先放置高分球，但本球应放入本点。

总之，出现上述情况，彩球如何摆法，均由裁判员裁决执行。

综上所述，斯诺克台球的比赛规则，对运动员犯规、违例行为裁决较严，处罚较重。一盘比赛，一方运动员很可能因为犯规、违例次数较多，导致最后失败。因此，运动员在平时的训练中，应该熟记和正确理解规则中的每条规定，养成严格遵守比赛规则的好习惯，尽量做到避免和减少犯规、违例行为。

PART 9 赛事组织

竞赛的组织

竞赛工作的程序

组织一切台球竞赛活动，根据其规模的大小，由相应的各级单位发起。规模小的比赛，一般由主办单位指定少数人负责组织；规模大的比赛，则需要成立筹备委员会。

基层比赛只设竞赛组和秘书组。竞赛组负责报名、编排秩序册、聘请裁判员、准备竞赛场地等工作。秘书组负责宣传教育、组织观众、发送通知文件等。

大体说来，组织一次台球比赛是按照以下程序进行的：

1. 制定竞赛规程；

2. 接受报名；

3. 抽签；

4. 编排竞赛日程；

5. 印发秩序册；

6. 登记成绩；

7. 决定名次、发奖；

8. 印发成绩册。

竞赛规程

　　主办单位根据比赛的目的、性质、规模、时间和场地情况，拟订竞赛规程，在比赛前尽早地发给参加比赛的单位。

　　竞赛规程的内容包括：竞赛的名称、目的、日期、地点、比赛项目、比赛方法、报名人数、报名截止日期、报到日期、奖励、采用的竞赛规则，以及其他的特殊规定等。随同竞赛规程应附发报名表，一式两份，要求逐项填写、字迹清晰，在报名截止前送交主办单位。

竞赛的编排

对抗赛

　　台球的对抗赛，有个人对抗赛和团体对抗赛两种。

　　个人对抗赛：在比赛开始之前，首先应由竞赛的组织者制定一个成局的分数，比如100分、200分等等。然后进行抽签，以确定运动员之间的对阵。不论运动员开球先后，先打满规定分数者为优胜。

　　在斯诺克台球比赛中，一定要有裁判员和记分员，裁判员负责评判得分和处理犯规事项，记分员负责记录运动员每一杆手的成绩和宣布比赛结果。

　　比赛结束后，运动员、裁判员及记分员，都要在记分表上签名，这场比赛才算有效。

　　团体对抗赛：团体对抗赛的比赛方法和个人对抗赛的比赛方法是一样的，只不过参赛的运动员不是一个人，而是几个人。

　　假设双方的运动员各有5名，裁判员要首先召集双方队长把两个队长在事前编好的名单收集在一起，并宣布两队的1号队员先进行比赛，然后按照排定的顺序依次进行。如分数规定为500分，那么双方的比赛结果是这样计算的（个人得分均为假定）。

　　甲队队员分数　　乙队队员分数　　胜负

　　1号得500分　　1号得478分　　甲队胜

2 号得 500 分　2 号得 443 分　甲队胜

3 号得 350 分　3 号得 500 分　乙队胜

4 号得 385 分　4 号得 500 分　乙队胜

5 号得 500 分　5 号得 485 分　甲队胜

从以上记录可以看出，甲队胜 3 场、乙队胜两场，甲队以 3 比 2 获胜。

淘汰赛

组织台球比赛，如果参加的队或人数很多，而产生的冠军、亚军只有一个，那么通常都采用淘汰赛。淘汰赛分单淘汰赛和双淘汰赛两种。

单淘汰赛：比赛队或队员之间按比赛秩序册进行比赛，胜者进入下一轮比赛，败者被淘汰，这叫单淘汰赛。在淘汰赛秩序表内，有比赛资格的队或队员，包括轮空队或队员，普遍比赛一场称为一轮。淘汰赛的轮，其比赛场数是以 2 的倍数递减的。

如果参加比赛的人数是偶数，比赛就很好安排，主要将两两配对，打一场淘汰负者，胜者晋级就可以了。

那么，万一参加比赛的队或人数是奇数，例如有 9 个怎么安排呢？这也很容易，只需加一次预赛就可以了，淘汰一人后，再安排比赛。

双淘汰赛：双淘汰的比赛秩序比较复杂，但大体上也与单淘汰赛相仿，也是负者出局，但负一场后并未被淘汰，只是跌入负者组，在负者组再负者（即总共已负两场）才被淘汰。

以 8 支队伍为例：

第一轮：8 支队伍两两对垒，结束后，4 支进入胜者组，4 支进入败者组。

第二轮：胜者组 4 支两两对垒，将有 2 支继续留在胜者组，2 支进入败者组。

败者组 4 支两两对垒，淘汰 2 支队伍。剩下 2 支队伍。

第三轮：胜者组两支队伍休息。

败者组 4 支队伍（第二轮由胜者组掉进败者组的 2 支 + 败者组剩下

的 2 支）两两对垒，结束后剩下 2 支。

第四轮：胜者组 2 支队伍争夺胜者组冠军。（输的被打进败者组）

败者组 2 支队伍淘汰一支。

第五轮：胜者组冠军休息。

败者组 2 支队伍争夺败者组冠军。（季军产生）

第六轮：胜者组冠军对阵败者组冠军（如败者组冠军胜，还需加赛一场），产生总冠军。

这种赛制可以给参赛选手或参赛队多一次机会，但会使赛程拖长，一般用于参赛选手或参赛队员数在 16 ~ 32 个时选用这种赛制。

循环赛

为了满足各队和运动员之间互相交流球艺的愿望，可采用循环比赛的方法，这样每一个队或人就都有多次比赛的机会。循环赛分单循环赛和双循环赛两种。

单循环赛：参加比赛的队或队员之间，都能轮流比赛一次的叫单循环。各队或队员普遍出场比赛一次称为"一轮"。循环赛每轮比赛场数是相等的。

单循环比赛轮次的计算方法如下：

如果参加的队数是偶数，则比赛轮数为队数减 1。例如：8 个队参加比赛，比赛轮数为 8 - 1 = 7 轮。

如果参加的队数是奇数，则比赛轮数等于队数。例如：5 个队参加比赛，比赛就要进行 5 轮。

计算轮数的目的，在于计算比赛所需的总时间。例如：有 7 个参加比赛，其轮数是 7 轮，如果比赛中间再休息两天，则比赛的总时间为 9 天。

单循环比赛场次的计算方法如下：单循环比赛场次计算的公式为：$X = N(N-1)/2$，即：队数 X（队数 - 1）/2。例如：8 个队参加比赛，比赛总场数是：28。

计算场次的目的，在于计算比赛所需的场地数量，并由此考虑裁判员的数量，以及如何编排竞赛日程表等。

单循环比赛顺序的编排，一般采用轮转法。不论参加队数是偶数还是奇数，都应按偶数编排。如果是奇数，可以补一个"0"号，与"0"相遇的队就轮空一次。

例如：有 8 个队参赛的情况下。这种轮转法，适用于各队实力互不了解，故采用抽签定位的办法，很可能出现强队早期相遇。逆时针轮转法则可使最后的比赛保持精彩，是通常采用的编排方法。

轮次表编排完后，各队进行抽签，并按各队抽到的号码填到轮次表里（或按上届比赛的名次顺序确定编号），据此再编成竞赛日程表。编排竞赛日程表，首先要贯彻机会均等、公平竞争的原则，当然也要适当地照顾到比赛（观众）的需要，可以从时间（上午、下午、晚上）、场馆（大馆或小馆）、地区（本地或外地）等不同的方面作出调整，达到各队大体上的平衡。

编排中，要考虑到轮次中间的间隔长短，以保证运动员有足够的休息时间。如果竞赛期限允许，通常打完 3 轮后要休息一天。

双循环赛

双循环赛是所有参加比赛的队均能相遇两次，最后按各队在两个循环的全部比赛中的积分、得失分率排列名次。如果参赛队少，或者创造更多的比赛机会，通常采用双循环的比赛方法。

双循环比赛一般都是属于联赛性质的，任意两队都要在自己的主场和对方的主场各交战一回合。

双循环赛秩序的编排方法与单循环赛相同，但比赛总场数比单循环赛多一倍。

PART 10 礼仪规范

运动员应保持优良的精神风貌

　　人们在观看世界各类台球比赛时会发现，每位优秀的球员都有自己的心理特点和打球风格。而这些优秀球员具备的良好心理素质都是平时训练的结果和在比赛实践中积累起来的。那么，在平时训练或正式比赛的时候，应该养成或保持怎样的精神风貌呢？大体说来，有这么几个方面，即自信、平衡和冠军意识等。

树立自信心

　　自信心不是主观设定的，而是建立在平时训练基础上的。只有平时刻苦练习，掌握扎实的基本功，在比赛时才能相信自己的能力，树立起必胜的信心。

　　运动员在比赛时要避开对手的长处，发挥自己的优势。例如：对手远台击球能力强，机会球打得准，但破障碍球的水平不高，此时就应该尽量不给对手好机会并多做些障碍球。

心理要平衡

　　不管参加什么样的比赛，最重要的是精神集中、头脑清醒、心态平衡。在思想上要始终掌握一个原则，最理想的球是收益最大而危险最小，最坏的球是收益最小而危险最大。要为自己积极争取最理想的球，给对手留下最危险的球。在整场比赛过程中应始终以一颗平常心对待一切变化。

冠军意识

一名优秀的球员必须在心理上走向冠军，必须时刻想着进攻得分。只有得分才能胜利，打安全球和采取防御战术也是为了进攻得分。只有在比赛中具备这种冠军意识和主动进攻精神才能激发自己的斗志。

稳定的节奏感

打球的节奏是平时训练养成的。从比赛开局到最后清台，不论是得分领先或落后，在判断球势、瞄准、运杆、出杆击球的各个环节都要稳定地保持自己的节奏。不要不假思索拿起球杆就打。一旦出现状态紊乱时，就应冷静下来调整自己的节奏。

比赛结束后，球手友好地握手

表现良好形象

一名优秀的台球运动员不仅要以优美的击球姿势取得观众好感，更重要的是要以自己的气质在比赛中树立一个良好的形象，这包括遵守体育道德、尊重裁判、言行上与对手和睦相处等方面。

台球运动员参赛礼仪

选手服装要求

每位选手的服装必须符合比赛要求并且整洁干净。如果选手不确定自己的服装是否符合要求，可以在赛前向赛事总监确认。赛事总监对服装要求有最终决定权。

选手可能会因为服装未达要求而被取消比赛资格。特殊情况时，赛事总监可以允许服装不符合要求的选手参加比赛，例如航班托运行李遗失、选手特殊身体状况等情况。

如果在比赛前没有宣布关于服装的具体要求，则默认采用下列服装要求，以下为国际职业斯诺克比赛通用服装要求。

身着正装的球手和裁判

上装：有领长袖衬衫、无袖西装马甲（或腰封）和领结。包括袖口在内的所有纽扣在比赛期间必须保持纽合状态，上衣必须束在裤子里。上装颜色没有特别限制。

裤装：深色西裤。要注意的是不允许穿着任何牛仔裤或者牛仔面料的裤子。

鞋子：必须是正规而且与全身装束匹配的款式，不允许穿着运动鞋或凉鞋。

基本礼仪

由于台球起源于过去的王宫贵族，经常出现在贵族的礼仪场合，因而有着严格的风度和礼仪传统。早在 18 世纪的英国，对于参与台球活动的人就有了详细的礼仪风度规定。直至今天斯诺克台球的礼仪与风度依然是这项运动的魅力所在。

台球选手在任何级别的比赛上、在任何时候都要具备高标准的礼仪举止。无论是在地方联赛上，还是在职业联赛中的高级别赛事上，这一规定均适用。基本礼仪如下：

1. 在比赛开始和结束时，要和对手握手。

2. 在比赛开始和结束时，要和裁判握手。

3. 无论何时，都要将自己所有的犯规行为进行申报。

4. 不能站在对手的击球线上。

5. 在比赛仍在进行时，不能随意对对手的运气进行评论。

6. 在比赛仍在进行时，不能对比赛形势表达不满。

7. 当你的对手在台面击球时，不能划火柴或点燃打火机，另外要避免咳嗽出声。

8. 在某盘或某场比赛中，当你击失一杆或你的对手仍在台面击球时，不能认输。等到你的对手击完球后，方可认输。

9. 不能与裁判或你的对手进行争论。

10. 在对手开球时要起身，以示对对手的尊重。

观赛礼仪

中国观众观赛礼仪有待提高

斯诺克中国公开赛的出现，让更多的中国观众了解了斯诺克，也逐渐适应了斯诺克，而近几年更多的排名赛和商业赛出现在中国各地，斯诺克的流行，让很多的人发现，原来这个运动和原来的"野台子"有这么大的区别。

然而，中国观众的观赛礼仪并没有因为比赛的增多而有所提高。2011 年斯诺克中国公开赛进入尾声的时候，一些中国球迷不文明的观赛行为遭到国外选手的投诉。英国名将墨菲在半决赛中 1∶6 惨败给特鲁姆普后，对中国球迷不关闭手机、拍照使用闪关灯等行为表达了不满。

斯诺克比赛需要保持安静，这是一名观众应该知道的最起码的规定。可是，比赛刚刚开始半小时，一名观众就由于手机铃声被裁判请出了贵宾席。没过多久，另一名观众由于拍照使用闪关灯也被罚上了看台。即便如此，比赛中手机铃声也是此起彼伏，闪光灯更是时隐时现。正当墨菲全神贯注准备击球时，一名观众的手机铃声突然响了起来，墨菲不得已只能重新起身，这让他有些无可奈何。

赛后，墨菲表示，在英国，球迷干扰球员比赛的事情是不会发生的。可是在中国公开赛中，这种事情却频频发生，中国球迷的素质并没有随着比赛的增多而提高。

2012年斯诺克中国公开赛首轮与坎贝尔的对战中，奥沙利文在0∶3落后的不利局面下成功打赢了反击战，以5∶4完成惊险胜出。

不过在比赛之外，比奥沙利文这个话题人物更让球迷议论的是中国赛球迷对于绅士运动斯诺克的观赛礼仪问题。尤其是在4∶0领先情况下，被东道主选手丁俊晖以5∶4大逆转的外籍选手沃拉斯顿更是大有抱怨，赛后他将矛头直指现场观众，表示观众在自己失误时还鼓掌，光灯和噪声也成了另一种利器，在形势微妙的时候敲打着他的神经。

"这是我最近打的一场规模比较大的比赛，在英国这种事情很少发生，他们只会为打得好的球鼓掌。但是在这里，当我失误的时候，有观众发出了嘲讽的声音，这气氛滑稽可笑。我必须适应这些，原本我有一些准备，但是还是很难适应。"沃拉斯顿赛后将失利的原因归咎于球迷的"不职业"。在世界台联的官网上，沃拉斯顿将现场的环境比喻成了"像马戏团"。

事实上球迷的"不职业"，同样也影响着丁俊晖。手机铃声、相机的闪光灯一样影响着小晖。甚至在丁俊晖中场以0∶4落后时，还有球迷找他索要签名。不过毕竟是本土作战，看来更适应"国情"的丁俊晖并没有多抱怨，称多年比赛已经习惯了，难怪球迷都称他有颗"大心脏"。

基本礼仪

台球这项运动，起源于英国的王室贵族，带有很强的礼仪色彩，所以被称之为"绅士运动"，在正式比赛的场合不仅选手们要有风度，观众们也要有风度，因此有很多需要注意的地方。

1. 观众们要提前20分钟入场，对号入座。比赛正在进行时是不得入场的，必须在入口处安静地等候。必须一局结束后，才可以静静地入场，这都是约定俗成的规定。

2. 在球员打球的时候，请一定不要大声喧哗，尽量控制自己的咳嗽声，或者用手掩口鼻轻声咳嗽打喷嚏。

3. 在球员打球的时候，请观众的手机调整铃声，改为振动或者静音，如果有重要的电话必须要接，请用手捂住话筒小声交谈。

4. 在球员打球的时候，请不要随意走动，这样会干扰球员的视线，导致瞄不准或者心理发生波动。

5. 请不要在场馆之内抽烟、饮酒，这些行为是不允许的。如果需要抽烟，请到厕所或者其他允许的地方抽烟，到那时尽量坚持到球员打完这一杆，然后起身外出。

6. 请不要用带有闪光灯的相机进行拍照，这样会严重干扰到球员的视线；也不要让相机的快门声很大。

7. 请不要随意鼓掌，当球员打出非常漂亮的球时，集体鼓掌对于球员是一种鼓励，但是如果只有寥寥数人鼓掌反而是一种噪音。一般来说，这样几种情况，可以鼓掌：

观众井然有序地坐在观众席上观看比赛

（1）球员入场的时候，可以礼貌地鼓掌；

（2）满分杆，就是单杆打出 147 分；

（3）单杆破百，就是一杆球达到 100 分以上；

（4）打进高难度球。比如超级远台、大角度薄球、贴库远台、超强低杆，大范围走位等等；

（5）制造高难度障碍球，就是做出一杆很难的斯诺克，让对手很难解到；

（6）解到高难度障碍球，就是把对手的高难度斯诺克化解掉，而且尽量没有留下机会；

（7）每局结束。

PART 11 明星花絮

潘晓婷

简介

潘晓婷，山东济宁人，中国职业台球花式九球打法女选手。她拥有柔顺的长发、甜甜的笑容、靓丽的外表，如果不是手中的台球杆，没人会把她和"运动员"联系在一起。也正因如此，潘晓婷的倩影频频出现在各类时尚杂志的封面上和电视节目中。

潘晓婷

面容姣好的潘晓婷一再表示"不想成花瓶"，而数十个冠军和世界第二的排名成绩已经告诉大家，潘晓婷是名副其实的中国"九球天后"。

潘晓婷走上台球的道路很简单，在济南上中专时，父亲在学校对面开了一家台球室。第一次拿起球杆，潘晓婷是和同学赌气，谁知道这一下就连进了好几个球，就这样，潘晓婷走上了台球之路。

刚开始，潘晓婷打的是斯诺克，后改学 9 球。半年后，潘晓婷就一鸣惊人。1998 年，在北京举行的首届全国女子九球公开赛上，年仅 16

岁的潘晓婷首次捧起了冠军奖杯。从此后，潘晓婷便走上了职业台球运动员之路。

2010年11月，28岁的"九球天后"潘晓婷在广州亚运会上实现了个人职业生涯的大满贯：继摘得世锦赛、世界花式撞球联合会杯（WPA）、世界女子台球协会杯（WPBA）、亚洲杯、全国赛等桂冠之后，终于弥补了多哈亚运会的遗憾，在广州成功夺得亚运女子美式九球项目金牌。自此，潘晓婷拿到了一个台球运动员所能拿到的所有冠军！

成就

1998年8月，"欧立欧杯"全国女子9球公开赛冠军；

2000年4月，第一届全国体育大会女子9球个人赛冠军；

2000年5月，"司迈特"杯全国女子9球排名赛冠军；

2001年11月，日本大阪第三十四届世界女子9球公开赛第五名；

2002年6月，第二届全国体育大会女子9球个人赛冠军；

2002年10月，首届亚洲区"球王杯"男女9球混合赛冠军；

2002年11月，日本大阪第三十五届世界女子9球公开赛冠军；

2003年6月，第十二届女子9球"亚洲杯"冠军；

2003年12月，"达芙尼杯"亚洲女子9球巡回赛总决赛第四名；

2004年12月，世界女子9球"世界杯"季军；

2006年12月，亚运会女子八球亚军，9球季军；

2008年6月，美国女子职业9球BCA公开赛冠军；

2008年11月，日本大阪9球公开赛冠军；

2009年11月，世界女子9球锦标赛季军；

2010年12月，WPBA年终总决赛冠军；

2012年5月，CBSA美式9球"美途国旅"杯房山国际公开赛冠军；

丁俊晖

简介

丁俊晖，江苏宜兴人，中国男子台球队运动员，亚洲斯诺克选手，被英媒体称做"东方之星"。他8岁半接触台球，13岁获得亚洲邀请赛季军，从此"神童"称号不胫而走。

2002年5月，年仅15岁的丁俊晖为中国夺取第一个亚洲锦标赛冠军，并成为最年轻的亚洲冠军。同年8月31日，他又获得世界青年斯诺克锦标赛冠军，成为中国第一个台球世界冠军。10月的亚运会上，丁俊晖以3∶1战胜泰国选手素波森拉夺取斯诺克台球单打冠军，改写了中国在亚运会台球项目上没有金牌的历史，并与队友一起获得亚运台球团体亚军。

丁俊晖

2002年10月20日至11月2日在埃及举行的世界台球锦标赛（前身为世界台球业余锦标赛）上，丁俊晖列第三名，平了老将郭华1997年世锦赛第三的最好成绩。同年12月15日，中国台球协会向丁俊晖颁发了"中国台球特别贡献奖"。

2003年8月，在欧亚大师对抗赛香港站和泰国站比赛中，丁俊晖两度战胜当时世界排名第一的马克·威廉姆斯。2003年9月，丁俊晖正式转为职业选手。

2004年2月，丁俊晖6∶3击败世界排名第十六位的乔·佩里、闯入温布利大师赛十六强的精彩瞬间，让英国的老百姓在一夜之间认识、喜欢上了这个来自东方的台球少年。

2005 年，丁俊晖在享有声誉的温布利大师赛上打进八强，4 月又在国际台联排名赛中国公开赛上一路击败艾伯顿、傅家俊、达赫迪和亨德利等名将，首次夺得冠军。12 月在参赛水平仅次于世锦赛的英国锦标赛上挫败各路高手，问鼎冠军。

2006 年，丁俊晖的上升势头依然明显，8 月的北爱尔兰杯他以 9∶6 击败奥沙利文获得冠军，成为有史以来第二位在 20 岁之前就赢得 3 个排名赛冠军的选手。在年底的亚运会上，组织者特意为需要卫冕英国锦标赛的丁俊晖调整赛程，结果他也果然不负众望，一人为中国代表团拿下斯诺克男子单人、双人和团体三枚金牌。

2007 年，丁俊晖在温布利大师赛创造历史并打出职业生涯第一个满分杆，一举进入决赛，中央电视台特意为此转播了丁俊晖在温布利大师赛的最后三场比赛。在半决赛以 6∶2 击败"台球皇帝"亨德利之后，"台球皇帝"认为丁俊晖是过去十年来涌现的最具天才的球员："如果他继续保持这种表现的话，那么丁俊晖将在未来的 10～15 年都位居世界前四之列。"

不过在与"火箭"奥沙利文的决赛中，丁俊晖还是表现出了自己的稚嫩，在 3∶10 溃败的同时还在比赛中泪洒赛场。但丁俊晖还是得到了来自"火箭"的极高评价："如果他能保持进步并改进一些小细节，那么丁俊晖将能获得很多次世锦赛冠军。网球有费德勒，高尔夫有泰格·伍兹，丁俊晖在台球界也能取得和他们一样的成就。"

丁俊晖的赛季结束于斯诺克世锦赛，他首次打入了这项赛事的正赛，但是很不走运，第一轮他就遇到了儿时偶像奥沙利文，并以 2∶10 惨败。不过不管怎么说，他第一次在赛季结束时进入世界前十六强，最终排名第九位。

2007 之后，丁俊晖的技术逐渐成熟，成绩也逐渐稳定。2008 年 12 月 17 日凌晨，2008 年斯诺克英国锦标赛第二轮再战一场，丁俊晖在和"白巫师"希金斯的比赛中 4∶9 败北，被阻挡在本届英锦赛八强之外。但是他在本场比赛的第三局中打出个人职业生涯中的第二记满分杆，实現了一大突破。

2009 年，第一站排名赛——上海大师赛，丁俊晖打入八强，给人新赛季的新希望；在随后的皇家钟表大奖赛上，丁俊晖一路过关斩将，连克史蒂文斯、马奎尔、艾伯顿、威廉姆斯等好手，进入决赛，但最终 4∶9 惜败于"墨尔本机器"尼尔·罗伯逊杆下，但其惊艳表现宣告了自己以最佳状态强势回归。斯诺克英国锦赛，丁俊晖一路过关斩将，依次击败了邓恩、墨菲、卡特、马奎尔，并在决赛中以 10∶8 战胜世锦赛冠军希金斯，职业生涯中第二次加冕英锦赛桂冠，这同时也是他获得的第 4 个排名赛冠军，在 2009 年末单赛季排名世界第一。

2010 年，经历了威尔士公开赛与温布利大师赛调整状态的阵痛后，中国公开赛中，状态出色的小晖一路上战胜了塞尔比、艾伯顿、艾伦这三位跻身世界前十六的高手，闯入决赛。面对"金左手"威廉姆斯，小晖在上半场 5∶4 领先的大好形势下痛失好局，最终 6∶10 不敌对手，屈居亚军。但在本届比赛中小晖 9 杆破百的恐怖火力不禁使人叹服，破百数量超过奥沙利文，位居世界第二，临时排名跻身前五，单季积分回到世界第一。

2011 年，丁俊晖全年一共参加了 23 场比赛，其中 7 站排名积分赛，7 站 PTC 以及 9 项邀请赛，全年 7 站排名赛丁俊晖取得 2 次 4 强，3 次 8 强成绩，打出 21 杆破百，58 个单杆 50 分以上的成绩，共收获 110504 英镑奖金。

2012 年，丁俊晖的成绩依然耀眼。2013 年 4 月 23 日，斯诺克世锦赛正在英国谢菲尔德克鲁斯堡剧院如火如荼进行。然而 7.0 级地震再袭四川的不幸消息牵动了远在英国的同胞们的心。为了祭奠地震逝者，为雅安祈福，世界台联特批丁俊晖请求取消入场音乐、并佩戴黑纱上场的申请，这在世锦赛历史上尚属首次。世界台联的官员收到丁俊晖的请求后进行了紧急磋商，最终同意了丁俊晖的请求。

成就单杆最高分（147）：

第一次：2007 年 1 月 14 日伦敦，大师赛外卡赛，丁俊晖对阵汉密尔顿，第七局；

第二次：2008 年 12 月 16 日泰尔福德，英国锦标赛 1/8 决赛，丁俊晖对阵希金斯，第三局；

第三次：2011 年 12 月 15 日谢菲尔德，世界斯诺克球员巡回赛第十二站，丁俊晖对阵温斯顿，第三局；

第四次：2011 年 12 月 17 日谢菲尔德，世界斯诺克球员巡回赛第十一站，丁俊晖对阵卡希尔，第五局；

第五次：2013 年 3 月 16 日戈尔韦，世界 PTC 总决赛 1/4 决赛，丁俊晖对阵马克艾伦，第一局。

约翰·希金斯

简介

约翰·希金斯是苏格兰籍的世界职业斯诺克选手，击球以节奏稳定、走位精准著称，有台球界"巫师"之称，他是当今世界斯诺克界最优秀的选手之一。最高世界排名第一，2011 年世界排名第二，2012 年世界排名第三。

约翰·希金斯击球以节奏稳定、走位精准著称。与许多崇尚进攻的年轻选手不同，约翰·希金斯把握进攻与防守的时机十分恰当，年轻时在斯蒂夫·亨德利光环下的他大器晚成，自亨德利之后可以被称为伟大的球员之一，也源于他对斯诺克运动的理解。由于希金斯攻守平衡，他在远台进攻的火力不如年轻选手勇猛，但恰逢状态良好，亦不可小视。

希金斯的职业生涯开始于 1992 年，他在年仅 23 岁的时候就达到了职业生涯的顶峰。他在世锦赛的决赛中以 18：12 的比分战胜了卫冕冠军肯·达赫迪获得世锦赛的冠军。这场胜利也使他世界排名升至第一位并且保持了两年。

"巫师"约翰·希金斯

在 2001 年，他第二次打进世锦赛的决赛，但是以 14：18 的比分输给了罗尼·奥沙利文。2007 年他第三次杀入世界锦标赛的决赛，这次的对手是年轻新秀塞尔比，尽管毫无压力之下的塞尔比将比分 4：12 追至 10：12，给了希金斯巨大的压力，但具备超强心理素质的"巫师"还是顶住了压力一鼓作气以 18：13 击败对手，第二次举起了世锦赛的冠军奖杯。

2009 年世界锦标赛，希金斯第四次杀入决赛，并以 18：9 的绝对优势战胜了 2005 年世锦赛冠军肖恩·墨菲，第三次在克鲁斯堡举起了世锦赛冠军奖杯。

2011 年世锦赛，希金斯在 1/4 决赛和半决赛分别战胜罗尼·奥沙利文和马克·威廉姆斯两位天王，再次杀入决赛与天才少年特鲁姆普会师，并在 7：10 落后的不利局面下最终以 18：15 完成逆转，成为第三位在克鲁斯堡冠军数达到四次的球手。

成就

5 次正式比赛单杆最高分（147 分）：

2000 年 1 月 21 日，国家杯对阵丹尼斯·泰勒；

2000 年 3 月 24 日，"Benson & Hedges" 锦标赛对阵吉米·怀特；

2003 年 10 月 12 日，"LG" 杯决赛第十一盘对阵马克·威廉姆斯；

2003 年 11 月 12 日，英国公开赛第一轮第五盘对阵迈克尔·加杰；

2004 年 10 月 04 日，大奖赛对阵里基·沃尔顿。

马克·威廉姆斯

简介

马克·威廉姆斯是英国威尔士著名斯诺克选手，堪称斯诺克史上长台进攻最精准的球员，被称作"世界上最准的男人"，外号"威尔士进球机器"以及"金左手"（他是左撇子），还与奥沙利文、希金斯并称"七五三杰"（三人都出生于1975年），他们三人还与亨德利一同被誉为"四大天王"。

威廉姆斯在很小的时候就开始接触斯诺克运动，11岁的时候赢得第一个青少年比赛的冠军，13岁的时候打出了第一个破百的成绩。从那时起，他意识到，成为一个斯诺克职业球员才是他的梦想。如果不是在斯诺克显露出天分，威廉姆斯很有可能跟随父亲成为一个煤矿工人。除了斯诺克，在拳击方面，威廉姆斯也是一个了不起的选手，作为学生，他曾经有过连战12场不败的战绩。

1996年，威廉姆斯赢得了职业生涯第一个排名赛冠军——威尔士公开赛，他9：3击败帕洛特夺冠。在经历了世锦赛无缘正赛的打击后，威廉姆斯随后赢得了1996年大奖赛的冠军。

1997年，他以9：2击败亨德利赢得英锦赛的冠军，并且在一年后在温布利大师赛中封王，决赛中，威廉姆斯在决胜局黑球制胜，10：9击败亨德利。

1997年世锦赛，威廉姆斯遇到了最后一次打世锦赛的格里菲斯，最终他10：9击败他的教练，却在晋级八强的的道路上输给了亨德利。

1998年世锦赛，威廉姆斯闯入四强。

1999年，他不敌亨德利获得亚军。

2000年，对威廉姆斯来讲可谓辉煌。他赢得了英锦赛以及世锦赛的双料冠军，并且还赢得了另外一个排名赛的冠军以及三次亚军，这也使得他成功登上世界排名第一的宝座。2000年世锦赛决赛，威廉姆斯在7：13落后的情况下最终18：16逆转史蒂文斯，在半决赛中与希金斯对决中，威廉姆斯再次上演逆转的好戏淘汰对手。

接下来一个赛季，威廉姆斯只赢得了一个排名赛的冠军，那就是大奖赛，他在决赛中9：5击败奥沙利文夺冠。随后的英锦赛以及中国公开赛，威廉姆斯都遗憾落败屈居亚军，但是这些仍然确保他牢牢坐稳世界第一的宝座，即使在世锦赛次轮他被斯威尔淘汰。

2001—2002年赛季，威廉姆斯击败汉密尔顿赢得中国公开赛的冠军，然而在世锦赛次轮，他再次输给斯威尔，同时，世界第一也拱手送给奥沙利文。

2002—2003年赛季，威廉姆斯赢得英锦赛、大师赛以及世锦赛三个比赛的冠军。这使他成为继亨德利、戴维斯、希金斯之后第四个包揽这三个冠军的选手，并且也是戴维斯以及亨德利之后第三个同一年获得这三个冠军的选手。这些成就让威廉姆斯重新夺回世界第一。

2003年世锦赛，威廉姆斯一路顺风顺水，10：2击败佩特曼，13：2战胜汉恩，13：7横扫亨德利，17：8血洗斯蒂芬·李。决赛中，威廉姆斯面对达赫迪，在10：2领先的情况下，达赫迪奋起直追将比分追成16：16，威廉姆斯顶住压力连下两局锁定胜利。

遗憾的是，接下来一个赛季，威廉姆斯在英锦赛首轮就输给了奥布莱恩。2005—2006年世界排名也跌落到第九位。

2009—2010年赛季威廉姆斯状态回升，并在2010年4月份的中国公开赛上10：6战胜丁俊晖获得了冠军。

2011年2月7日，威廉姆斯在斯诺克德国大师赛战胜了塞尔比，以9：7夺得个人职业生涯第十八个排名赛冠军。

2013年4月22日，在斯诺克世锦赛上，威廉姆斯在首轮的一场比赛中就输给了首度打进世锦赛正赛的小将米切怀特，被淘汰出局。

成就

1996 年和 1999 年，两次获得威尔士公开赛冠军；

1996 年和 2000 年，两次获得大奖赛冠军；

1997 年，获得英国公开赛冠军；

1998 年，获得爱尔兰公开赛冠军；

2006 年，马克·威廉姆斯获中国公开赛冠军

1998 年和 2003 年，两次获得温布利大师赛冠军。

1999 年和 2000 年，两次获得英国锦标赛冠军；

1999 年、2000 年和 2002 年，3 次泰国大师赛冠军；

2000 年和 2003 年，两次获得世界锦标赛冠军；

2002 年、2006 年和 2010 年，3 次获得中国公开赛冠军；

2003 年，获得"LG"杯冠军；

2011 年，获得德国大师赛冠军；

贾德·特鲁姆普

简介

贾德·特鲁姆普是英国当前最具实力的台球选手之一。1989 年出生的贾德·特鲁姆普被看做是斯诺克界未来的球王接班人，6 岁时他随父亲第一次接触台球，立刻就喜欢上了这项运动。但令人吃惊的是，特鲁姆普一直并没有聘请教练，都是自己在训练中不断学习和进步，可以说天赋异禀。

2000 年，11 岁的贾德参加了英格兰 15 岁以下级锦标赛，并且一举夺冠。

2001 年，12 岁的他便在 18 岁以下级的锦标赛中打拼，并且一路杀至决赛。同一年他还进入到欧洲 19 岁以下锦标赛的四强。

2003 年，贾德在决赛中击败迈克·哈雷特，成为了庞丁公开赛最年轻的冠军得主。

2004 年，特鲁姆普在 14 岁的时候成为了最年轻的在正式比赛中打出满分 147 分的选手，打破了由"火箭"罗尼·奥沙利文在 1991 年创造的纪录。在 IBSF 世界 21 岁以下锦标赛上，特鲁姆普闯入了半决赛。

贾德·特鲁姆普借助杆架击球

2005—2006 年的赛季是年轻的贾德·特鲁姆普第一个职业生涯赛季，英格兰天才少年在自己的处女赛季中的表现让人印象深刻，几乎可以肯定的是，他将会是一名未来的斯诺克明星。

在威尔士公开赛的资格赛中，16 岁的特鲁姆普连续击败经验丰富的罗德·罗拉、李·沃克尔和艾德立安·甘诺后，成为了历史上晋级斯诺克积分赛正赛的最年轻选手。不过，在威尔士纽波特中心的正赛首轮中，贾德·特鲁姆普输给了米尔金斯。

2008 年 10 月 17 日晚，在 2008 年斯诺克皇家钟表大奖赛 1/4 决赛上，19 岁的特鲁姆普凭借决胜局 75∶1 获胜以总分 5∶4 淘汰"火箭"奥沙利文，职业生涯中首次跻身排名赛四强。

2009 年后，特鲁姆普的球技更是一路高歌猛进，取得了一个又一个冠军。截至 2013 年 3 月，特鲁姆普已经跻身世界第一。

成就

2003 年，庞丁公开赛冠军；

2004 年，打出单杆 147 满分，同年杀入世锦赛四强；

2005 年，获得职业比赛资格，被誉为斯诺克超级天才；

2007 年，17 岁打进世锦赛正赛三十二强，创造最年轻纪录；

2008 年，皇家钟表大奖赛四强；

2009 年，斯诺克 6 红球大奖赛四强、冠军联赛冠军、超级联赛四强；

2010 年，奥地利公开赛冠军；

2011 年，斯诺克中国公开赛冠军、英国锦标赛冠军、世界锦标赛亚军；

2012 年，大师赛四强、斯诺克德国大师赛八强、国际锦标赛冠军、威尔士公开赛八强、斯诺克上海大师赛亚军。

傅家俊

简介

傅家俊是香港著名的斯诺克台球运动员，曾被誉为台球界的"神奇小子"。他 8 岁时就开始接触台球，12 岁的傅家俊随家人移民到加拿大（现已拥有加拿大国籍），18 岁中学毕业。在当时的香港桌球（港台称台球为桌球）总会主席罗俊英劝告下，傅家俊于 1996 年随家人回流香港发展桌球事业。

1998 年，傅家俊转打职业赛，并在当年以第 377 位的世界排名杀入格兰匹治大奖赛决赛，成为首位进入斯诺克职业赛事决赛的中国人，同时也是打入决赛的选手中世界排名最低的球手。可惜，他最终以 2∶9 惨败于名将斯蒂芬·李，获得亚军。

2003 年，傅家俊在决赛中战胜了当时排名世界第一的马克·威廉姆斯，摘得英国超级联赛桂冠，这是首位非英伦三岛的球手夺得此项荣誉。

在同年的世锦赛上，傅家俊的首轮对手是"火箭"罗尼·奥沙利文。尽管后者在那场比赛里打出了一杆147分，但仍被傅家俊以10∶6爆冷击败。此后傅家俊一直走到了8强，1/4决赛以7∶13再次输给了斯蒂芬·李。

2006年的世锦赛，他更是一路过关斩将，迈克马努斯、马奎尔和肯·达赫迪等众多高手都成了他的垫脚石，傅家俊历史性地杀进四强。在与2002世锦赛冠军彼得·艾伯顿的半决赛较量中，在9∶15大比分落后的情况下顽强地将比分追到了16∶16平，但艾伯顿在最后一局率先上手，打出单杆54分，进而终结了傅家俊再次创造奇迹的梦想。

2007年11月的传统赛事格兰匹治大奖赛中，傅家俊再次闯入决赛，这次他没有错过机会，决赛中以9∶6战胜了两届世锦赛冠军奥沙利文，获得了个人职业生涯第一个排名赛冠军。

2008年1月的温布利大师赛上，他在首轮逆转传奇巨星戴维斯，之后在1/4决赛的"中国德比"中6∶3战胜了80一代超新星丁俊晖，晋级半决赛，但最终还是以2∶6负于斯蒂芬·李未能进入决赛。

2010年，傅家俊获得冠军联赛冠军，抢到了超级联赛的参赛资格。同年11月21号，傅家俊在决赛中击败丁俊晖，获得2010年广州亚运会冠军。

成就

1998年大奖赛亚军；

1999年，大奖赛八强；

2000年，马耳他大奖赛四强；

2000年，苏格兰公开赛四强；

2003年，世界锦标赛八强；

2003、2004年，威尔士公开赛四强；

2006年，世界锦标赛四强；

傅家俊

2007 年，英国锦标赛八强；

2007 年；大奖赛冠军；

2008 年，上海大师赛八强；

2008 年，英国锦标赛亚军；

2009 年，威尔士公开赛八强；

2011 年，德国大师赛四强。

马克·塞尔比

简介

马克·塞尔比是英国著名的斯诺克运动员。塞尔比极具天赋，球技于他而言几乎是与生俱来的。1998 年，他就荣膺英国 15 岁以下锦标赛冠军，并由此开始受到各方关注。在第二年的业余挑战巡回赛中，他凭借稳定的发挥跻身 1999—2000 年的赛季职业巡回赛。

在首个职业赛季，赛比尔 3 次打进 9 项赛事的 64 强，年终第 122 的排名确保他能够继续参加职业赛事。第二个赛季，他稳中有进，并在中国公开赛上首次进入职业巡回赛 48 强，年终排名第 95 位。

2001—2002 年赛季对于塞尔比而言意义非凡，他在中国上海这块自诩为"福地"的地方化身一匹成色颇足的黑马。不仅成功跻身中国公开赛正赛，顺利通过首轮外卡赛，并战胜乔·斯威尔，创纪录地杀进 16 强。

他的神勇表现还未结束，第二轮他击败了"台球皇帝"亨德利；为了证明这绝非侥幸，他在 1/8 决赛中将夺冠呼声最高的奥沙利文淘汰出局；尽管最后止步半决赛（惜败安东尼·汉密尔顿），他还是将自己的年终排名提升至第 56 位。

2002—2003 年赛季，塞尔比在三项赛事中进入前 32 位，并在苏格兰公开赛上先后击败保罗·亨特、马修·史蒂文斯、阿里斯特·卡特和肯·达赫迪，迎来了职业生涯中的第一次决赛。尽管在决赛中输给了大卫·格雷，与首个冠军奖杯擦肩而过，也未能通过世界锦标赛资格赛最后一轮，他的年终积分依然能够确保在下个赛季的世界 32 强中占据一席之地。

接下来的几个赛季，塞尔比一步一个脚印，默默耕耘，刻苦训练，两次进入世界锦标赛正赛，并在 2006 年世锦赛中将夺冠大热门约翰·希金斯挑落马下。此外，他频繁地在各项赛事中击败世界排名前 16 强的高手以及杀进 16 强。

比赛中的马克·塞尔比

2005—2006 年赛季，他的世界排名已悄然升至第 28 位。此外，2006 年，塞尔比以 11∶7 的比分击败戴伦·阿布雷顿，赢得花式撞球世界锦标赛冠军。

2007 年世锦赛再一次见证了一场"塞尔比奇迹"——他从资格赛打起，杀入决赛，距墨菲和多特的神话仅一步之遥，晋级之路也因跌宕起伏而异彩纷呈：首轮神奇般脱身 0∶5 落后的窘境，连扳 8 局逆转斯蒂芬·李；第二轮以 13∶8 的比分无可争议地送走前世锦赛冠军彼得·艾伯顿，并奉献了五杆破百（其中包括三杆连续破百）的精彩表演；1/8 决赛苦战 9 个小时，决胜局击败阿里斯特·卡特；半决赛对手是同为好友的世锦赛新科状元墨菲，大概是墨菲曾经在克鲁斯堡上演的奇迹激发了塞尔比的斗志，使他在 14∶16 落后的悬崖边不可思议地完成了大逆转，以 17∶16 的比分昂首挺进克鲁斯堡决赛圣堂。

这场胜利不仅把塞尔比推上了职业生涯的顶峰，也使他历史性地跻身世界排名前 16 的顶尖选手行列。决赛上半场，过度的满足、随意和经验不足使塞尔比被老道的希金斯抓住机会打了个 4∶12，全世界都认为下半场已经失去了意义。

然而，从休息通道里走出来的塞尔比微笑着抛弃了那对悬殊的数字，在第三阶段酣畅淋漓地连下六城，将比分扳为 10：12，继而追至 13：14，令人瞠目的精彩表现和钢铁般的坚韧意志一度几乎将希金斯摧垮。

虽然塞尔比最终没能将这次大逆转进行到底，遗憾地输掉了这场漫长的决战，但他的优异表现依旧为自己挣得了 11 万英镑（这个数目几乎是他职业生涯总奖金的一半），并赢得了世人的尊重和肯定。

2008 年 1 月，塞尔比以世界排名第 11 的身份首次受邀参加温布利大师赛，再次以不可思议的心理素质过关斩将，杀入决赛。其中，两度在 3：5 落后的绝境中爆发，上演逆转好戏，分别以 6：5 的比分淘汰了台球皇帝亨德利和状态正劲的马奎尔；半决赛遭遇状态回升的老将达赫迪。

在决胜局中，他凭借超乎年龄的镇定与果敢笑到最后。与斯蒂芬·李的决赛几乎成为塞尔比一个人的表演，他风卷残云般连下八城，以 10：3 的悬殊比分封冠加爵——这也是塞尔比职业生涯中第一座真正意义上的世界冠军奖杯。

2008 年 2 月的威尔士公开赛，塞尔比延续了自己的良好状态，以三个 5：2 先后击败哈罗德、达赫迪和希金斯；继而在半决赛中以 6：4 击败状态复苏的亨德利，成功杀进决赛。决赛对手是自己的偶像、临时世界排名第一位的奥沙利文。上半场，两人你来我往，4：4 平分秋色；下半场，塞尔比大概被奥沙利文凌厉的攻势所震慑，一度发挥失常，再次陷入 5：8 大比分落后的绝境，但他似乎天生就有逆转的本事，竟然奇迹般连扳 4 局、挽救了 4 个局点，以 9：8 击败奥沙利文，将冠军奖杯揽入怀中。这是他的首个职业排名赛冠军，同时也获得了 35000 英镑的冠军奖金以及 5000 点的冠军积分，临时排名超越希金斯升至第 4 位。

赛后，斯诺克官方网站将这个 24 岁的帅小伙称为新的"威尔士王子"，并称其"又一次向全世界证明了自己的实力，不可思议地逆转表现值得人们长久铭记"。这是塞尔比继一个月前温布利大师赛之后荣获的第二座冠军头衔，一举跻身当今台坛一流明星级选手行列。

成就

2007 年，斯诺克世锦赛亚军；

2008 年，温布利大师赛冠军；

2008 年，威尔士公开赛冠军；

2010 年，温布利大师赛冠军。

罗尼·奥沙利文

简介

罗尼·奥利沙文是世界著名斯诺克球手，以左右开弓和独特的杆法著称，绰号"火箭"。作为最具有天赋的斯诺克球手，奥沙利文 10 岁就打出了 117 分，15 岁的时候就获得世界青年锦标赛冠军，并打出 147 分的满分杆；1993 年，18 岁的奥沙利文夺得英国锦标赛的冠军，从而成为当时世界上最年轻的世界排名赛冠军得主；19 岁，当选国际台联优秀选手。一切都显得那样的顺利。

然而，19 岁的奥沙利文的生活却陷入梦魇：父亲因为犯下杀人罪被判了 18 年监禁；母亲因为偷税漏税被判一年监禁；还有他的妹妹，整天和毒品打交道。还是少年的他不知怎样去宣泄自己的苦闷，内心得不到安宁的他放纵自我，从酒精、大麻以及摇滚乐中寻找慰藉。于是 1994—1998 年间他只获得英国公开赛（1994）、亚洲锦标赛（1996）、德国公开赛（1996）和苏格兰公开赛（1998）四站分量不是很重的排名赛冠军。

很难想象他是怎样走出这段梦魇，或许不是走出而是选择遗忘，无论如何，那个如刀一般犀利的男子又回来了，如同凤凰涅槃。他开始真正进入职业生涯的收获期：摘得中国公开赛（1999—2000 年）、苏格兰公开赛（2000 年）、英国锦标赛（2001 年）、欧洲公开赛（2003 年）、爱尔兰公开赛（2003—2005 年）和威尔士公开赛（2004—2005 年）桂冠。

最重要的就是五夺斯诺克世界的最高殿堂的世锦赛桂冠：2001 年以 18∶14 击败希金斯，2004 年 18∶8 轻松战胜多特，及 2008 年 18∶8 战胜阿里斯特·卡特，2012 年 18∶11 再次战胜阿里斯特·卡特，2013 年 18∶12 击败巴里·霍金斯。

罗尼·奥利沙文在比赛中

成就

奥利沙文曾打出 11 次单杆 147 分满分杆，并凭借出色的技术 5 次摘得斯诺克世界锦标赛冠军：

2001 年，斯诺克世界锦标赛冠军；

2004 年，斯诺克世界锦标赛冠军；

2008 年，斯诺克世界锦标赛冠军；

2012 年，斯诺克世界锦标赛冠军；

2013 年，斯诺克世界锦标赛冠军。

PART 12　历史档案

单杆 147 满分俱乐部

147 满分俱乐部				
名次	选手	赛事	对手	年份
1	戴维斯	LADA 经典赛	斯宾塞	1982
2	桑本	世锦赛	格里菲斯	1983
3	K·史蒂文斯	大师赛	怀特	1984
4	威利·索恩	英锦赛	汤米·墨菲	1987
5	梅奥	联盟杯	亨德利	1988
6	罗比多	欧洲公开赛	米得克劳福特	1988
7	约翰－瑞	苏格兰职业赛	布莱克	1989
8	桑本	联盟杯	怀特	1987
9	瓦塔纳	大师赛	达沃金斯	1991
10	艾伯顿	Strachan 公开赛	马汀	1991
11	瓦塔纳	英国公开赛	德拉高	1992
12	怀特	世锦赛	德拉高	1992
13	帕洛特	联盟杯	梅奥	1992
14	亨德利	联盟杯	威利·索恩	1992

147 满分俱乐部				
名次	选手	赛事	对手	年份
15	艾伯顿	英锦赛	达赫迪	1992
16	麦克当纳	英国公开赛	巴罗	1994
17	亨德利	世锦赛	怀特	1995
18	亨德利	英锦赛	威尔金森	1995
19	亨德利	利物浦慈善挑战赛	奥沙利文	1997
20	奥沙利文	世锦赛	普莱斯	1997
21	瓦塔纳	中国国际赛	庞卫国	1997
22	亨德利	联盟杯	达赫迪	1998
23	甘诺	泰国大师赛	威尔曼	1998
24	哈斯努	中国国际赛	巴克尔	1998
25	普林斯	英国公开赛	布拉姆比	1999
26	奥沙利文	威尔士公开赛	瓦塔纳	1999
27	宾汉姆	英国巡回赛	霍金斯	1999
28	戴森	英国巡回赛	甘诺	1999
29	多特	英国公开赛	大卫·路	1999
30	亨德利	英国公开赛	艾伯顿	1999
31	平治	威尔士公开赛	约翰逊	1999
32	奥沙利文	大奖赛	多特	1999
33	巴罗斯	B&H 锦标赛	罗萨	1999
34	亨德利	英锦赛	威克斯	1999
35	希金斯	国家杯	泰勒	2000
36	希金斯	爱尔兰大师赛	怀特	2000
37	马奎尔	苏格兰公开赛	范布恩	2000

147 满分俱乐部				
名次	选手	赛事	对手	年份
38	奥沙利文	苏格兰公开赛	汉恩	2000
39	傅家俊	苏格兰大师赛	达赫迪	2000
40	麦克莱伦	B&H 锦标赛	米金	2000
41	戴森	英锦赛	米尔金斯	2000
42	亨德利	马耳他大奖赛	威廉姆斯	2001
43	奥沙利文	LG 杯	亨利	2001
44	墨菲	B&H 锦标赛	罗萨	2001
45	德拉高	B&H 锦标赛	宾汉姆	2002
46	奥沙利文	世锦赛	傅家俊	2003
47	希金斯	LG 杯	威廉姆斯	2003
48	希金斯	英国公开赛	乔治	2003
49	希金斯	大奖赛	沃尔顿	2004
50	格雷	英锦赛	塞尔比	2004
51	威廉姆斯	世锦赛	米尔金斯	2005
52	宾汉姆	大师赛资格赛	坎贝尔	2005
53	米尔金斯	世锦赛	塞尔比	2006
54	柯普	大奖赛	霍尔特	2006
55	丁俊晖	温布利大师赛	汉密尔顿	2007
56	希金森	威尔士公开赛	卡特	2007
57	伯内特	大奖赛	刘崧	2007
58	福德	大奖赛	戴维斯	2007
59	奥沙利文	北爱尔兰杯	卡特	2007
60	奥沙利文	英锦赛	塞尔比	2007

147 满分俱乐部			
名次	选手	赛事	对手	年份
61	马奎尔	中国赛	瑞恩－戴	2008
62	奥沙利文	世锦赛	马克·威廉姆斯	2008
63	卡特	世锦赛	艾伯顿	2008
64	柯普	上海大师赛	马克·威廉姆斯	2008
65	梁文博	巴林锦标赛	古尔德	2008
66	坎贝尔	巴林锦标赛	胡萨比	2008
67	丁俊晖	英锦赛	希金斯	2008
68	亨德利	世锦赛	墨菲	2009
69	塞尔比	江苏精英赛	佩里	2009
70	罗伯逊	中国公开赛	艾伯顿	2010
71	马福林	球员巡回赛 1	杰林斯基	2010
72	霍金斯	球员巡回赛 3	麦克古兰	2010
73	奥沙利文	世界公开赛	马克·金	2010
74	塔纳瓦特	欧洲球员巡回赛 3	霍金斯	2010
75	马克·威廉姆斯	欧洲球员巡回赛 3	舒勒	2010
76	迈克劳德	欧洲球员巡回赛 6	卡差翁	2010
77	亨德利	威尔士公开赛	马奎尔	2011
78	奥沙利文	球员巡回赛 4	达夫	2011
79	迈克·邓恩	德国大师赛资格赛	马福林	2011
80	大卫·格雷	球员巡回赛 10	威廉姆森	2011
81	里基·沃尔顿	球员巡回赛 10	加雷思	2011
82	马·史蒂文斯	球员巡回赛 12	瓦斯雷	2011
83	丁俊晖	球员巡回赛 12	布兰登	2011

147 满分俱乐部				
名次	选手	赛事	对手	年份
84	丁俊晖	球员巡回赛 11	詹姆斯·卡希尔	2011
85	柯普	球员巡回赛 11	马福林	2011
86	傅家俊	海口世界公开赛资格赛	塞尔特	2012
87	米尔金斯	世锦赛资格赛	肖国栋	2012
88	亨德利	世锦赛	宾汉姆	2012
89	宾汉姆	无锡精英赛	沃尔顿	2012
90	达赫迪	欧洲球员巡回赛首站	特贝尔	2012
91	希金斯	上海大师赛	特鲁姆普	2012
92	福德	欧洲球员巡回赛 4	史蒂文斯	2012
93	希克斯	英锦赛资格赛	威尔士	2012
94	利索夫斯基	英锦赛资格赛	陈喆	2012
95	希金斯	英锦赛	马克·戴维斯	2012
96	马福林	欧洲巡回赛	卡林顿	2012
97	丁俊晖	世界斯诺克球员巡回赛总决赛	马克·艾伦	2013

注：另外，还有一种情况比较特殊，单杆最高分可以超过 147 分。对手击球是犯规，轮到另一位选手击球时白色球与要击打的目标球之间形成了障碍球，这种情况下根据规则击球选手可以选手任意一颗别的颜色的球作为红球击打，打进后计 1 分，随后也可以选择任意一颗彩球击打，根据击打彩球的分值进行计分，这样就等于台面上多出一颗红球，单杆总分将有可能超越 147 分。

在 2004 年的英国锦标赛上，詹米·伯内特在与里奥·费南德斯对阵时就利用这样一个机会打出了 148 分的一杆球，从而成为首位在职业比赛中打出单杆超 147 分的选手。不过由于这场比赛是英国锦标赛的资格赛，并没有电视转播，因此没有被记载进"满分俱乐部"的榜单中。

世界斯诺克最新积分排名

（截止于 2013 年 3 月 18 日结束的世界斯诺克球员巡回赛总决赛）

排名	选手	积分
1	特鲁姆普	78320
2	塞尔比	76320
3	罗伯逊	73440
4	希金斯	64955
5	艾伦	64380
6	墨菲	63520
7	马奎尔	63440
8	丁俊晖	59300
9	宾汉姆	59220
10	威廉姆斯	55740
11	斯蒂文斯	55060
12	多特	54420
13	霍金斯	53980
14	沃顿	53085
15	卡特	51215
16	马克－戴维斯	49950
17	傅家俊	47390